RÉPUBLIQUE FRANÇAISE
Liberté — Égalité — Fraternité

DÉPARTEMENT DE LA SEINE

DIRECTION DES AFFAIRES DÉPARTEMENTALES

ÉTAT DES COMMUNES

A LA FIN DU XIXe SIÈCLE

publié sous les auspices du Conseil Général

ARCUEIL-CACHAN

NOTICE HISTORIQUE ET RENSEIGNEMENTS ADMINISTRATIFS

MONTÉVRAIN
IMPRIMERIE TYPOGRAPHIQUE DE L'ÉCOLE D'ALEMBERT

1901

ARCUEIL-CACHAN

MONOGRAPHIES

En vente :

ÉPINAY
PIERREFITTE
STAINS
VILLETANEUSE
ORLY
DUGNY
ANTONY
LE BOURGET
THIAIS
RUNGIS
FRESNES
DRANCY
LE PLESSIS-PIQUET
VILLEMOMBLE
BONDY
GENNEVILLIERS
ROMAINVILLE
BOURG-LA-REINE
LA COURNEUVE
BOBIGNY
SCEAUX
BONNEUIL-SUR-MARNE
L'HAŸ
LES LILAS
ROSNY-SOUS-BOIS
NOISY-LE-SEC
AUBERVILLIERS
CHATENAY
L'ILE-SAINT-DENIS
BAGNEUX
CHEVILLY
PANTIN
CHATILLON
ARCUEIL-CACHAN

Sous presse :

MALAKOFF
ALFORTVILLE

En préparation :

SAINT-DENIS
SAINT-OUEN
VANVES
FONTENAY-AUX-ROSES

RÉPUBLIQUE FRANÇAISE
Liberté — Égalité — Fraternité

DÉPARTEMENT DE LA SEINE

DIRECTION DES AFFAIRES DÉPARTEMENTALES

ÉTAT DES COMMUNES

A LA FIN DU XIXe SIÈCLE

publié sous les auspices du Conseil Général

ARCUEIL-CACHAN

NOTICE HISTORIQUE
ET
RENSEIGNEMENTS ADMINISTRATIFS

MONTÉVRAIN
IMPRIMERIE TYPOGRAPHIQUE DE L'ÉCOLE D'ALEMBERT

1901

NOTICE HISTORIQUE

ARCUEIL-CACHAN[1]

Anciennement, communauté de la Généralité et de l'Élection de Paris, paroisse du doyenné de Montlhéry.

De 1787 à 1790, municipalité du département de Corbeil et de l'arrondissement de Bourg-la-Reine.

De 1790 à l'an IX, commune du district de Bourg-la-Reine (supprimé par la Constitution de l'an III) et du canton de Châtillon.

Depuis l'an IX, commune de l'arrondissement de Sceaux et du canton de Villejuif.

Maintenue à ce canton par la loi du 12 avril 1893.

1. Il n'existe en France aucune autre localité portant le nom d'Arcueil. L'adjonction du nom de Cachan, hameau voisin, qui donne à la commune une dénomination tout à fait spéciale, ne date officiellement que de 1894.

I. — FAITS HISTORIQUES

L'origine du nom d'Arcueil n'est pas douteuse : les formes *Archeilus*, *Arcoïlum*, *Arcoleum*, employées dans les actes, et surtout l'existence encore à l'heure actuelle de quelques ruines d'arcades gallo-romaines attestent surabondamment que le lieu doit son nom aux arches de l'aqueduc construit là par Constance Chlore, dit-on, ou par Julien, pour conduire par-dessus la vallée de Bièvre les eaux de Rungis et de la colline qui domine Cachan, et les amener jusqu'au palais des Thermes à Paris.

Cela ne revient pas à dire que, dès le milieu du IVe siècle de notre ère, une population de quelque importante se soit groupée à l'ombre de l'édifice romain, mais que celui-ci servit tout naturellement à la désignation du lieu lorsque l'on commença d'y habiter. A quelle date ? C'est ce que les textes ne permettent pas d'établir avec précision. Le plus ancien de ceux qui nous sont parvenus donne même la priorité d'existence à Cachan, mentionné dès le IXe siècle comme nous le dirons plus bas. Sur le village d'Arcueil, on n'a rien d'antérieur à l'année 1119, époque à laquelle l'évêque de Paris, Girbert, donna à l'abbaye de Saint-Denis un autel sis à Arcueil : *altare in villa Archeilus*. La même année, le pape Calixte II, confirmant les possessions du prieuré parisien de Saint-Martin des Champs, mentionnait parmi elles le moulin d'Arcueil : *molendinum de Arcoïlo*.

Vers le même temps, en 1140, le roi Louis VII donnait au prieuré de Saint-Éloi de Paris divers biens et cens sis à Arcueil, et, puisque nous en sommes à parler de ce prieuré, voici un curieux document inédit, de 1319, indiquant les terres et les droits qu'il avait alors en la *ville* d'Arcueil :

C'est ce que les heritages qui furent maistre Pierre de Condé, movens du prieur de Saint Eloy de Paris en la ville d'Arqueil que maistre Guillaume de Breuil a achetés, pevent devoir :

Premierement, 1 arpent de terre à la Fouce Guibert, tenant au grand chemin de Paris, chargiée en huit deniers de fons de terre au prieur de l'Estrée, tout.

Item, en ycelui lieu, d'autre part du chemin, une ensange de terre, chargiée en XII deniers de fons de terre au prieur de l'Estrée, tout.

Item, ou val d'Arqueil, V quartiers de terre chargiés en X deniers de fons de terre, sens debat à Saint-Denys.

Item, au Chaillon, I quartier de vigne, II deniers de fons de terre et obole, senz debat à Saint-Denis.

Item, III arpens de vignes bailliez à plusieurs personnes, II sols de fons de terre et sieent ou vau de Naire, sanz debbat à Saint-Denis.

Item, III quartiers de vignes sur le molin de la Sauçoie, IX deniers, *concordat littere*, senz debbat à Saint-Denis.

Item, ou clouseau d'Ardenoy, II arpens, que pré que terre, bailliez à plusieurs personnes, II sols de fons de terre desquiex Saint-Denis [a] demi-arpent, et tout est deu aux huictaves Saint-Denis [1].

D'autres monastères possédaient des biens à Arcueil, parmi lesquels le prieuré de la Saussaye à Villejuif, l'abbaye de Sainte-Geneviève de Paris, le couvent des Chartreux, le Chapitre de Notre-Dame de Paris, à cause de sa chapellenie de Saint-Eustache; mais la majeure partie de la terre appartenait à la toute-puissante abbaye de Saint-Denis, en raison de son prieuré de Saint-Denis de l'Estrée; nous venons de la voir dotée d'un autel à Arcueil, c'est-à-dire d'une église, dès 1119; le 3 avril 1459, elle obtint un arrêté du Parlement lui conférant la haute justice, par conséquent la seigneurie complète [2].

La propriété foncière était si morcelée au moyen âge, le droit de suzeraineté si divisé puisqu'il était fondé exclusivement sur la possession territoriale, que l'on trouve encore à Arcueil de nombreux seigneurs laïcs à côté des établissements religieux. Voici ceux que nous avons retrouvés : au XIVe siècle, la famille de Châteaupers, qui y posséda un domaine jusqu'au XVIIIe siècle [3]; — en 1423, Bernard Lemire, et, vers le même temps, Hemonet Raguier, Pierre Ferron, Philippe de Morvilliers, qui y tinrent leurs biens, tour à tour du roi de France et de Henri VI, roi d'Angleterre [4]. De cette époque et de la suivante, celle des Valois, le bourg a conservé quelques logis curieux, dont nous reparlerons.

Faut-il répéter avec d'autres historiens que Jodelle, poète de quelque mérite au temps de la Renaissance, a eu sa résidence à

1. *Cartulaire de Saint-Éloi*, aux Archives nationales, LL 75, fol. 83 r°.

2. Archives nationales, S. 2400.

3. *Bibliothèque de l'École des Chartes*, 1re série, t. III, p. 62.

4. Sauval, *Antiquités de Paris*, t. III, pp. 328 et 586, cité dans la notice de Lebeuf.

Arcueil ? Nous ne le croyons pas. La vérité, c'est qu'il lui survint dans ce lieu une aventure qui, en raison de l'état des passions religieuses, aurait pu avoir un dénouement fâcheux. L'abbé Lebeuf l'a racontée, d'après Niceron, avec une bonne humeur qui ne lui est pas habituelle : « Il étoit allé vers l'an 1560 passer le carnaval à Arcueil avec les autres poètes de la Pléiade françoise, dont étoit Ronsard, qui tous s'amusèrent à faire des vers à l'imitation des Bacchanales des anciens. Un jour, en passant dans le village, ils rencontrèrent un bouc; cet animal leur donna occasion de badiner, tant parce qu'il étoit celui que l'on offroit à Bacchus, que parce qu'il leur vint en pensée de le présenter à Jodelle comme une récompense qui lui étoit due, suivant l'usage des anciens.

« L'animal, orné de fleurs, fut effectivement amené à Jodelle pendant qu'ils étoient à table. Cela leur donna à rire pendant quelque temps : après on le renvoya. Sur cela, quelques ennemis de Ronsard firent courir le bruit qu'on avoit sacrifié ce bouc à Bacchus, et que c'étoit Ronsard qui avoit été le sacrificateur, et l'on traita d'impies ceux qui avoient assisté à cette cérémonie. Mais Ronsard n'eut pas de peine à réfuter la calomnie dans une pièce de vers qu'il fit à ce sujet. »

Arcueil eut, vers le même temps, des hôtes plus illustres encore : la famille des Guise s'y était fait construire un château qui a complètement disparu aujourd'hui, mais qui, au dire des contemporains, était fort remarquable. Il s'élevait sur la colline qui surplombe la rive droite de la Bièvre, à l'endroit même où commence l'aqueduc, et ses jardins étagés en terrasses descendaient jusqu'aux bords de la rivière. Quelques curieuses estampes en ont, d'ailleurs, conservé la vue. Le *Mercure* de juillet 1691 relate une visite qu'y firent, le mois précédent, Monsieur, frère du Roi, accompagné de Madame et de Mademoiselle. Ce domaine fut mis en vente en 1745; l'abbé Lebeuf a eu connaissance de l'affiche d'adjudication énumérant les charges qui grevaient la propriété : 705 livres par an dues au Chapitre de Saint-Paul de Saint-Denis, ayant succédé aux droits de l'abbaye; 7 livres, 10 sols au prieuré de la Saussaye; 5 livres à l'abbaye de Sainte-Geneviève ; 15 livres, 15 sols à la Sainte-Chapelle de Paris. Le parc couvrait environ 30 arpents, et la seigneurie s'étendait sur 55 arpents situés de l'autre côté du chemin d'Orléans, où elle avait droit de haute justice.

Le modeste bourg qu'était alors Arcueil eut moins pourtant à s'enorgueillir de cette fastueuse résidence de princes du sang que de l'aqueduc fameux qui, en 1612, y fut construit sur l'emplacement de l'ancien ouvrage romain auquel le pays avait dû son nom et son origine. Ce dernier avait eu pour objet d'alimenter le palais des Thermes; ce fut aussi pour approvisionner un palais, — celui du Luxembourg, acheté récemment par Marie de Médicis, — que le nouvel aqueduc fut entrepris. L'architecte ordinaire du roi et de la reine, Salomon de Brosse (que les anciens historiens nomment par erreur Jacques de Brosse) en dessina les plans; l'exécution des travaux fut mise en adjudication par soumission, — comme on dirait aujourd'hui, — et confiée à Me Jean Coing, maître maçon à Paris, qui avait offert les conditions les plus avantageuses, quatre cent soixante mille livres seulement, payables en six années. Les termes du contrat ont été publiés par Félibien et Lobineau dans leur *Histoire de Paris* [1]; voici les passages qui intéressent plus directement Arcueil :

Item, au passage de la traverse du vallon d'entre les deux montaignes au village d'Arcueil sera faict la maçonnerie des pilles, arches, arceaux, petites pilles en nombre nécessaire, qui seront fondez jusques à vif fonds de seize pieds de long et huict piedz de large ou plus, si besoing est, et jusques au rez de chaussée sur pilotis et platte-formes s'il convient et est necessaire; sinon, seront fondez de pierre de libage joinctives, sur lesquelles fondations de libage sera posé la pierre de taille desdites pilles, chacune de quatorze pieds de longueur, compris leurs poinctes, sur six pieds de largeur; lesquelles pilles seront espacées de trente thoises l'une de l'autre et construites de grands quartiers de pierre dure, sans aucun moillon, jusques à la haulteur des eaues sur les plus haultes, pour le regard des deux arches du millieu, à l'endroict du grand cours, et les aultres fondez semblablement de libage, et au dessus, de quartier à parement de pierre, remplis de moillon maçonné avec bon mortier, chaux et sable, et le residu desdictes pilles et arches seront eslevez pour le regard des poinctes et ecussons de pierre avec les pilastres au dessus, aussy de pierre, selon la forme, structure et façon qu'il a esté représenté par le desseing; les restes des arcs et des arceaux portans deux pieds et deux pieds et demy en teste et en douvalles, continuer la face des arceaux avec leur engraissement jusques soubz la plinte; et pour le regard des deux assises de chascun costé de la clef, auront XVIII poulces de haulteur soubz les plintes, et continuer l'élévation ainsi qu'il est représenté par le desseing.

Les cullées et maces de maçonnerie de deux bouts au passage dudit Arcueil seront faictes de même forme, structure et façon que les pilles cy-devant declarées; pour la fondation desquelles pilles et maces, regards et grands canaux, seront faictz les basquetages et vuidanges d'eaue, pillotis et

1. T. II, p. 1297, et *Preuves*, t. III, pp. 806 et ss.

platte-forme qui se trouveront nécessaires pour la seureté et la conservation desdites pilles, maces ou cullées, canaux ou regards.

Item, aux deux bouts dudit canal de traverse ou acqueduc dans le village d'Arcueil seront faits aux regards [1], dans lesquels seront faicts les descharges pour descharger les eaues desdits canaux, quand besoing sera, garni aussy, si besoing, de descentes ou montées de marches de pierre, environnées de murs comme celles des autres regards cy-après declarez; faire lesdictes descharges de telle forme, structure et façon que les eaues descendans d'icelles ne puissent endommager le publicq ny le particulier.....

La première pierre de ce grand ouvrage fut posée par le roi, le 15 juillet 1613, en grande solennité, et ce fut pour Arcueil, Cachan et les paroisses voisines, une occasion, qui ne devait plus se renouveler souvent, d'assister à de brillantes chevauchées et chasses royales dont la relation nous a été également conservée par Félibien et Lobineau [2].

Un curieux document, qui n'a pas encore été publié, fait connaître l'état d'avancement des travaux, en 1617; ils étaient déjà presque achevés et l'on voit que Jean Coing avait fait diligence:

Du dixiesme juin MVI^{c} XVII

Memoire et abrégé des ouvrages faictz aux fontaines de Rongis par les entrepreneurs d'iceulx ouvrages.

Premièrement, le canal, faict depuis le premier regard construict près le grand carré faict à la source dudict Rongis jusques au regard qui est au bout de la cullée du fonds d'Arqueuil où de present l'eau tombe, y a trois mil sept cens toises de long sur six piedz et demy de hault du dessus de la plate-forme du siman jusques soubs la voulte dudit canal, et trois piedz de large dans œuvre, le tout garny de son marchepied et acqueduc faict de cimand et brique.

Dans laquelle longueur cy-dessus y a treize regards faictz de pierre de taille aveq leurs portes de bois fermées et ferrées. Ensemble y a des vanes et descharges à ce nécessaires.

Quand au pond dudict Arqueuil, il contient CIIII^{xx} X toises deux pieds de long, compris les deux cullées et est à present ledict pont eslevé et arasé jusques à la haulteur de l'arquitrave, qui est XI toises et demy de hault sur quinze pieds d'espoisseur. Mesme y a, au milieu dudict pont, environ treize toises de massonnerie de long sur quinze pieds de hault eslevée au dessus de l'arquitrave, qui est à la haulteur de l'eau.

Plus, depuis le regard faict au bout dudict pont d'Arqueuil du costé de Paris jusques et proche le clos de M. le président Chevallier, qui est situé vis à vis de Gentilly, y a sept regards faictz et plantez, contenant quatorze cens toises, ou environ, sur pareille haulteur et largeur que celle du canal cy dessus mentionné.

1. Ces regards ont été conservés intacts.
2. T. III des *Preuves*, pp. 517-519.

Bien est vray qu'il y a environ quelque IIII c toises de long et de voulte et cimand à faire, qui se faict journellement.

Et depuis ledit cloz dudit sieur president Chevallier jusques et proche la ferme et mazure de Saint Jehan de Latran qui est dans le chemin du Bourg la Royne, y a des tranchées et ouverture de terre faictz avec quelque nombre de matériaux pour continuer le passage dudict ouvrage. Lesquels ouvrages iceulx entrepeneurs pourront facilement parachever l'année prochaine MVIcXVIII et mener l'eaue jusques à la faulse porte Saint Jacques, ainsy qu'ils sont obligez par leur bail, moiennant qu'ils aient de l'argent suffisamment [1].

De nombreuses gravures ont été faites, au XVIIe siècle, et depuis, de l'aqueduc de Salomon de Brosse et Jean Coing; bonnes ou mauvaises, on pourra les consulter, tant au Cabinet des Estampes de la Bibliothèque nationale que dans d'autres dépôts publics. Les poètes l'ont célébré aussi, Scudéry entre autres, qui dut écrire les vers suivants peu après que le monument eut été achevé :

Ces fameux aqueducs où le Peuple romain
Employa son art et sa main,
Soit pendant son Empire ou dans la République,
N'avoient rien de plus magnifique,
Et bien que tout le monde obéît à ses lois
Il n'en a pas fait plus que nos Rois [2].

L'auteur lui-même aurait peut-être convenu que l'enthousiasme s'est un peu confondu dans son esprit avec l'adulation.

Quand on connaît le site qu'occupe Arcueil, tapi en quelque sorte au plus profond de la vallée de la Bièvre et s'y dissimulant si bien que le voyageur passant sur la route d'Orléans, distante de quelques centaines de mètres, n'aperçoit même pas le clocher de son église, on ne s'étonnera pas que le village ait été épargné, oublié en quelque sorte, alors que, pendant les guerres si fréquentes et terribles du XIVe au XVIe siècle, toute la région environnante était mise à feu et à sang. Il y eut cependant une alerte, que nous ne devons pas oublier de noter, pendant les troubles de la Fronde. A la date du 8 janvier 1649, la municipalité de Paris prenait la décision suivante, qui atteste un peu de son affolement :

1. Archives nationales, O1 1600.

2. *Bulletin de la Société de l'Histoire de Paris et de l'Ile-de-France*, 1893, p. 137.

Il est ordonné aux habitants d'Arcueil, Gentilly et Cachan de faire incessamment rompre les ponts desdicts lieux, affin d'empescher qu'aucunes gens de guerre puissent venir de ce côté là, tant de cheval que de pied. Enjoignons aux sindicqs et marguilliers des susdictes paroisses d'y mettre telle quantité d'ouvriers en besoigne que lesdicts ponts soient hors d'état de pouvoir passer dessus dans demain midy à peine d'estre desclarez desobeissans au roy et à la Ville, et d'encourir au surplus telles peines que de raison [1].

Nous ignorons si l'ordre fut exécuté; c'est peu probable, car chaque jour modifiait les événements, et, si l'aqueduc avait été démoli, on le saurait d'autre part. Les habitants d'Arcueil furent donc bien avisés de faire la sourde oreille: dès lors, ils reprirent leur vie paisible et ignorée pendant tout le reste de l'ancien régime, et, même durant le XIXe siècle, les plus graves événements passèrent, pour ainsi dire, au-dessus de leurs têtes.

Au commencement de 1789, lorsqu'ils furent appelés, comme toutes les communautés du royaume, à formuler leurs doléances, ils furent très sobres dans l'expression de leurs désirs, se bornant à réclamer les libertés dont le peuple était si légitimement assoiffé, et, au point de vue local, à protester contre un projet de dérivation de la Bièvre, qui, depuis quelques années, était très en faveur. Tous étaient vignerons ou blanchisseurs. L'industrie de la blanchisserie, seule, continue à être prospère à Arcueil; quant aux vignes, elles ont à peu près complètement disparu; il n'en était pas ainsi il y a soixante ans; les registres de délibérations municipales contenaient chaque année la mention de l'assemblée des vignerons à la mairie pour y « tenir le ban de vendange », c'est-à-dire fixer le jour où devait commencer la vendange.

Sous le premier Empire, deux savants illustres vinrent habiter à Arcueil et groupèrent autour d'eux une société d'hommes distingués également dans les sciences : Berthollet et Laplace. Du labeur qu'ils y accomplirent est résultée la publication connue sous le nom de *Mémoires de la Société chimique d'Arcueil.*

Berthollet fut même, pendant quelques jours de l'année 1820, maire d'Arcueil; il y mourut le 6 novembre 1822, à sept heures du soir; son acte de décès est conservé dans les registres d'état civil de la mairie; il est contresigné par Gay-Lussac, membre de l'Institut, âgé de 43 ans, demeurant à Paris, à l'Arsenal, et par Auger, aussi membre de l'Institut, demeurant au palais de l'Institut.

1. *Registres de l'Hôtel de Ville pendant la Fronde,* publiés par la Société de l'Histoire de France, t. I, p. 122.

La propriété de Berthollet était située au-dessus du village, au point de croisement du chemin qui mène à la Croix d'Arcueil, sur la route d'Orléans, avec la rue centrale du bourg ; celle de Laplace lui était contiguë, s'étendant jusqu'au chemin de grande communication de Montrouge à Villejuif (avenue Laplace). Réunies toutes deux aujourd'hui, elles sont devenues la maison d'enseignement secondaire des Dominicains, dont nous parlerons plus bas. La mémoire des deux savants est honorée à Arcueil par des noms de rues et un buste de Laplace qui s'élève sur la place des Écoles.

Plus récemment, Arcueil a eu lieu de s'enorgueillir de compter parmi ses habitants une famille dont le nom est trop populaire pour qu'il soit besoin de préciser, celle des Raspail. Le chef de la famille, celui qui l'illustra le premier, François-Vincent Raspail, y mourut le 7 janvier 1878, à l'âge de 84 ans ; il était alors député des Bouches-du-Rhône ; son fils Émile Raspail, maire d'Arcueil de 1878 à 1887, a mieux mérité encore de la commune par le dévouement infatigable qu'il apporta à y créer ou à y développer les institutions démocratiques ; enfin, le frère de ce dernier, Benjamin-François Raspail, qui fut député de la Seine et est mort en 1900, a fait au département don de toute sa fortune dans les conditions qui sont détaillées ci-dessous (p. 62).

Nous avons dit que les grands événements politiques de ce siècle n'avaient guère qu'effleuré le tranquille village ; il eut cependant à souffrir des horreurs de l'année terrible. Dès le 19 septembre 1870, après la prise du plateau de Châtillon par l'armée ennemie, tous les habitants se réfugièrent à Paris ; c'est là que le Conseil municipal tint une séance extraordinaire, le 22 septembre, pour affecter à des secours urgents un crédit de 6.000 francs rendu disponible par suite de l'interruption des services municipaux : constatation des naissances, éclairage, etc. La guerre, cependant, ne dévasta pas trop le village ; les obus s'échangeaient entre Châtillon, qui était aux mains des Prussiens, et la redoute des Hautes-Bruyères, occupée par nos troupes, en passant par-dessus la vallée.

La guerre civile de 1871 y a laissé aussi, malheureusement, une trace sanglante ; les Dominicains d'Arcueil furent rendus responsables par l'armée parisienne des cruautés de la lutte ; une première fois, le 17 avril, l'école Albert-le-Grand avait été occupée militairement par les troupes fédérées sans qu'il en fût résulté rien de fâcheux pour ses habitants ; mais, à la veille du dénouement, un second envahissement amena l'arrestation d'une vingtaine de religieux ou employés du collège, y compris le P. Captier, leur supérieur, qui furent fusillés comme otages, le 25 mai, près de la barrière d'Italie.

II. — MODIFICATIONS TERRITORIALES ET ADMINISTRATIVES

L'agglomération du bourg est située, nous l'avons dit, sur la rive gauche de la Bièvre, à mi-côte et au pied de la colline qui en ce point surplombe la rivière, mais le territoire de la commune s'étend bien au delà de cet étroit et pittoresque vallon, quoiqu'il ait été diminué au profit de la commune voisine de Montrouge. En 1847, cependant, grâce aux énergiques revendications du Conseil municipal, le territoire du fort de Montrouge fut attribué à la commune d'Arcueil ; la logique voudrait donc que cet ouvrage portât le nom de fort d'Arcueil. Cette concession fut d'ailleurs compensée quatorze ans plus tard d'une façon bien plus avantageuse à Montrouge.

Dans sa séance extraordinaire du 20 novembre 1862, le Conseil municipal protesta très vivement contre le projet soumis à l'enquête par arrêté préfectoral du 31 octobre précédent, qui aurait pour effet de diminuer le territoire d'Arcueil au profit de celui de Montrouge, très restreint par l'annexion du Petit-Montrouge à Paris. Il s'agissait de 89 hectares de terrain en partie situés au delà de la route d'Orléans : « Pourquoi diminuer au profit de Montrouge la commune d'Arcueil strictement limitée à ses nécessités les plus rigoureuses ? Si Montrouge veut absolument s'agrandir, que ne jette-t-il les yeux sur les terrains de la Californie et du Petit-Vanves qui sont à sa porte et qui font partie du canton de Sceaux ? Cela simplifierait singulièrement les embarras, puisque la question du notaire, celle du canton se trouveraient ainsi réduites à néant.....

. . . .

« Le Conseil municipal se résume ainsi : bordé ou traversé par les routes d'Orléans et de Châtillon, établi sur un territoire de peu d'étendue sans doute, mais entièrement propre à la construction, Montrouge n'est pas un village au milieu des champs; c'est une commune possédant tous les avantages que les autres peuvent envier, celui entre autres de prendre naissance aux portes de Paris et de pouvoir rêver dans un temps prochain le rôle que jouaient Batignolles, Montmartre et Belleville avant l'annexion.....

« Pour répondre au dire du *commodo* sous le n° 25 et combattre l'opinion du commissaire-enquêteur relativement à la partie Est de Montrouge que la commune d'Arcueil demande à s'annexer, et qui s'appuie sur l'éloignement de l'église et de la mairie, l'avis du Conseil est :

« 1° Que pour l'église, on ferait ce que Montrouge et tant d'autres communes ont déjà fait, c'est-à-dire que l'on construirait une chapelle desservie par M. le vicaire de la paroisse, et cela sans aucun inconvénient.

« 2° Pour la mairie, Arcueil n'a jamais pu, jusqu'à ce jour, faute de ressources, mettre à exécution le projet que toutes les autres communes ont vu se réaliser. N'ayant pas de mairie suffisante pour le service municipal, l'emplacement pour en construire une serait alors choisi au centre de la nouvelle délimitation de manière à rapprocher la distance, qui n'est aujourd'hui, malgré le dire de M. le commissaire-enquêteur, que de deux kilomètres, et cela de manière à satisfaire tous les intérêts. »

Il fut de nouveau question, en 1873, d'une autre distraction du territoire d'Arcueil; son Conseil réuni extraordinairement à ce sujet, le 5 juin 1873, discuta avec des arguments fortement motivés (qui sont consignés au registre des délibérations en regard du rapport de la Commission syndicale) contre l'annexion à Montrouge de la section dite du Parc, sise de l'autre côté de la route d'Orléans, entre le fort et l'église de Montrouge, section distante du bourg de 2.095 mètres, et comptant, lors des élections d'avril 1871, 271 électeurs. Une nouvelle protestation fut formulée le 26 mai 1874, mais cette fois encore en vain. La loi du 31 juillet 1875 a fixé la ligne de démarcation entre Arcueil et Montrouge par l'aqueduc de dérivation de la Vanne.

Au point de vue des divisions administratives, Arcueil-Cachan a toujours fait partie de l'arrondissement de Sceaux. Lors de la première répartition des communes en cantons, la commune dépendit du canton de Châtillon, de 1790 à l'an IX. Elle fut, à partir de cette date, attribuée au canton de Villejuif, auquel l'a laissée maintenue la loi du 12 avril 1893.

Il est à noter toutefois que, dans une délibération prise le 28 février 1888, l'assemblée municipale avait émis le vœu que la commune dépendît d'un canton à créer à Gentilly ; ce vœu n'a pas été réalisé.

III. — ANNALES ADMINISTRATIVES. — LISTE DES MAIRES

Les annales administratives d'Arcueil-Cachan seront vite exposées ; sous l'ancien régime, la vie municipale était nulle ou à peu près ; pendant la Révolution, elle put avoir quelque activité ; malheureusement, les délibérations de cette période ne sont pas parvenues jusqu'à nous. Elle s'assoupit encore sous les régimes monarchiques de ce siècle-ci ; seule la troisième République a pu lui donner, grâce aux Raspail, une intensité dont les résultats apparaîtront, de façon lumineuse, aux tableaux statistiques.

Voici, pris au hasard dans les registres de délibérations quelques états du budget de la commune à diverses époques :

Années	Recettes	Dépenses
1820	8.607, 78	3.056, 05
1825 (prévisions).	28.161, 88	30.175, 86
1847	12.929, 50	12.924, 50
1850	16.285 »	16.218, 37
1864	47.490 »	47.485, 63
1870	76.647, 76	74.659, 54

Arcueil a eu un octroi à dater du 1er janvier 1824 ; on prévoyait alors qu'il fournirait à la commune un rendement de 2.260 francs environ.

Un bureau de poste desservant directement le bourg fut créé en 1841, à la Croix d'Arcueil, sur la route d'Orléans, ce qui amena une protestation du Conseil municipal (séance du 10 août 1841) contre cet emplacement qu'il trouvait trop éloigné du centre et de Cachan.

L'hospice des vieillards a été fondé en juin 1864 ; construit par Naissant, architecte du département, il coûta 35.234 francs (délibération du 9 février 1866). Depuis, sous l'administration de M. Raspail, il a été réuni administrativement à la maison de retraite dite de Saint-Joseph.

L'établissement de l'éclairage au gaz date de 1866.

Les moyens de transport entre Arcueil et Paris furent d'abord plus que rudimentaires; au XVIIe siècle, les diligences des Messageries royales qui faisaient le service d'Orléans devaient passer sans s'arrêter; au siècle suivant, fut créé un service partant du Luxembourg pour Longjumeau et desservant Arcueil; en 1837, au moment où le premier chemin de fer s'établissait dans les environs de Paris, il y avait huit départs par jour d'une diligence faisant le service entre la place Saint-Michel et la route de Bourg-la-Reine, Sceaux et Bagneux.

Le chemin de fer de Paris à Sceaux fut inauguré en 1846 et une station installée à Arcueil, au lieu dit la voie de l'Y; elle y est encore aujourd'hui, en dépit des réclamations du Conseil municipal (voyez notamment une délibération du 18 juin 1847) qui se plaignait de la proximité du cimetière [1]. Depuis l'année 1894, une nouvelle station ou halte a été créée sur la même ligne sous le nom de Laplace, autant pour desservir l'école des Dominicains que ce quartier d'Arcueil; enfin, depuis le 27 avril 1893, la route d'Orléans est parcourue par le tramway mécanique de Paris-Odéon à Arpajon, qui a sur le territoire d'Arcueil deux arrêts, à la Vache Noire et à la Croix d'Arcueil.

L'organisation complète et parfaite de l'enseignement primaire ne date que de la troisième République; toutefois, il convient de se souvenir que, par des vœux formulés les 27 décembre 1867, 28 février 1868 et 26 février 1869, le Conseil municipal d'Arcueil réclamait la gratuité de l'instruction et proposait d'inscrire à cet effet quatre centimes additionnels à son budget.

Cachan, dont il va être question tout à l'heure, constitue une agglomération presque aussi importante qu'Arcueil; aussi, dès l'année 1877, l'usage s'était-il introduit dans les actes communaux d'employer la dénomination Arcueil-Cachan. Un décret du 27 avril 1894 a rendu cette dénomination légale; la demande en avait été formulée officiellement par le Conseil le 3 novembre précédent.

1. Le prix des places était alors ainsi fixé:

	1re Cl.	2e Cl.	3e Cl.
Semaine	0,50	0,35	0,20
Dimanches et fêtes . .	0,60	0,45	0,30

Arcueil-Cachan a des armoiries, comme beaucoup de villes s'en sont données à notre époque, par conséquent sans valeur héraldique au point de vue historique, du moins maintenant, mais intéressantes cependant. Elles ont été conçues par M. Gravigny, l'architecte de la mairie actuelle, en 1886. La description en est donnée p. 33.

La composition de ces armoiries a le mérite de synthétiser les grands souvenirs historiques des deux localités : l'aqueduc, la famille royale qui s'intéressa à sa construction, et le séjour à Cachan de l'illustre connétable Du Guesclin.

MAIRES D'ARCUEIL-CACHAN

L'absence des plus anciens registres de délibérations municipales, ceux qui remontaient à 1790, ne nous permet pas de donner les noms des premiers maires d'Arcueil. Voici, à partir de l'an III, la série à peu près complète de ces officiers municipaux, telle que nous avons pu la reconstituer à l'aide de documents :

MICHON. Maire, an III.
DELAITRE, Jean-François. Agent municipal, élu le 15 brumaire an IV (6 novembre 1795).
DIEU, Guillaume. Agent municipal, 5 floréal an VIII (25 avril 1800); nommé maire le 16 floréal an VIII (6 mai 1800).
VATTIER, André-Nicolas. 1807-1816.
HEYRAULD. 1816-1820.
BERTHOLLET. 1820.
DESOYE, René-Théophile. 1820-1826.
GILBERT, Jacques-François-Marie. 1826-1830.
COUSTÉ. 1830-1840.
HOURY. 1840-1843.
COLMET, Armand-Nicolas-François. 1843-1861.
DIEU, Ami-Hippolyte. 1861-1870.
LAVENENT, Eugène. Élu président du Conseil municipal le 2 septembre 1870; nommé maire en 1871; élu le 13 août 1871; nommé par arrêté préfectoral du 9 mars 1874.
CARON, Jules-Appollinaire. Nommé par arrêté préfectoral du 1er juin 1875; maintenu par arrêté préfectoral du 1er octobre 1876.
RASPAIL, Émile. 1878-1887.
DUVILLARD, Louis-Alfred. 1887-1888.
CARON, Jules-Appollinaire. 1888-1892.
DUVILLARD, Louis-Alfred. 1892-1900.
VEYSSIÈRE, Louis-Grégoire. Élu le 19 mai 1900.

IV. — ÉDIFICES PUBLICS. — MAISONS HISTORIQUES

Église. — L'âge d'une église se détermine avec précision par son style : la construction gothique de celle d'Arcueil dénote visiblement le XIIIe siècle, et plus exactement la première moitié du XIIIe siècle. « Le portail gothique, dit l'abbé Lebeuf, est délicatement travaillé ; les ailes ont des vitrages en forme d'œil de bœuf comme étoit l'ancien réfectoire de l'abbaye (de Saint-Denis). Les galeries dont l'édifice est orné, surtout celles du chœur qui sont vitrées, la mettent au dessus du commun des églises de la campagne ; cette église a cependant deux petits défauts qui peuvent provenir de la situation : on descend beaucoup pour y entrer, et le sanctuaire n'est point terminé en demi-cercle, mais en pignon. La tour ou clocher a été refaite à neuf du côté du midi sans toucher à l'église. »

Le premier des deux inconvénients que signalait Lebeuf n'existe plus, grâce au nivellement de l'église. D'autre part, l'érudit historien du diocèse a omis de mentionner de fort curieux chapiteaux qui furent sculptés au XVIe siècle sur les premiers piliers de la nef. L'un d'eux représente une sorte de danse macabre, la Folie faisant danser l'Humanité [1].

Nous avons transcrit, à la mairie d'Arcueil, la note suivante rédigée par le curé de la paroisse, Jean Marchais :

« Avec permission de Monseigneur l'archevesque de Paris accordée le 10 aoust 1681, l'an de grâce 1681, le dix huitième jour de novembre ont esté bénistes dans l'église d'Arcueil deux cloches qui ont esté benistes par messire Jean Marchais, prestre bachelier et curé de Saint-Denis d'Arcueil ; et la première a esté nommée Anne-Marie par messire Pomponne de Refuge, chevalier, seigneur d'Arcueil... et par haute et puissante dame Anne-Marie de Berseau, veuve de haut et puissant seigneur messire Saule de Refuge seigneur d'Arcueil... La seconde a esté tenue et nommée Marie Magdelaine par messire Estienne de Sainctot, conseiller du Roy en sa grant chambre de la cour du Parlement,

1. Voir la *Revue archéologique*, t. VIII, pp. 240-254.

seigneur de Vimars et autres lieux, et par dame Marie-Magdelaine Tiroqueau, dame d'Arcs, des fiefs des Arcs et Danjou, sis au village d'Arcueil et Cachant, épouse de messire François Donjat, conseiller du Roy et maistre ordinaire de son hostel... Et lesdites cloches fondues dans la maison de Monsieur et dame du Chemin, bourgeois de Paris..... [1] »

Une autre cloche de l'église fut bénie en 1782, comme en fait foi l'inscription qu'elle porte :

L'AN 1782, J'AY ESTÉ BENITE PAR Me PIERRE
EDME LAURENS ET NOMMÉE MARIE PAR M^r^
LAURENT-CHARLES DHOURY IMP^r^ LIB^re^ DE Mgr
LE DUC D'ORLÉANS, ET PAR DAME MARIE-ELISABETH
LAISNÉ, VEUVE DE CHARLES MAURICE DHOURY
IMP^r^ LIB^re^ DE Mgr LE DUC D'ORLÉANS
PIERRE LEBEAU MARGUILLER COMPTABLE, ET
NICOLAS BOURLE SECOND MARGUILLIER.
GAUDINEAU FECIT [2]

On voit encore sur la façade occidentale de l'église, du côté de la rue Émile-Raspail, un grand cercle gravé dans la pierre, mais l'inscription qu'il contenait ne s'y lit plus. Elle était ainsi conçue :

ICI EST LE TOUR DE
LA CLOCHE DE M. S.
JACUE EN GALISCE
APORTÉ PAR LOUIS
PRESENT. . . . .
LE. . .   . .

La tradition fait connaître que ce cercle représentait les dimensions de la cloche de l'église Saint-Jacques de Compostelle et qu'il avait été sculpté par un habitant d'Arcueil, à son retour de pèlerinage à Saint-Jacques, en 1601.

En raison de son intérêt architectural, l'église d'Arcueil a été souvent, autrefois, avant d'être classée comme monument historique, l'objet de la sollicitude du Conseil municipal ; encore en

1. Archives de la mairie d'Arcueil. Registre de baptêmes, mariages et sépultures, 1681.
2. Guilhermy, *Inscriptions de l'ancien diocèse de Paris*, t. III, p. 591.

1861, par délibération du 19 juillet, l'assemblée communale votait 4.285 francs pour frais de réparation urgente de la toiture et 1.485 francs affectés à l'acquisition d'une nouvelle horloge à installer dans le clocher. Elle prenait même, le 20 décembre 1877, une délibération assez inattendue, en vue d'obtenir la désaffectation de l'édifice comme monument historique, afin d'en diriger elle-même la restauration. Ce désir ne fut pas réalisé; mais le Conseil, pour bien affirmer ses sentiments artistiques, mit un crédit de 15.000 francs à la disposition de la Commission des monuments historiques. Enfin, dans sa séance du 20 mai 1891, il apprit que Mme de Provigny, propriétaire à Arcueil, destinait 20.000 francs aux travaux de l'église, et accepta avec empressement cette donation.

Le Préfet de la Seine autorisa, par arrêté du 12 décembre suivant, cette affectation qui fut complétée, l'année suivante, par une donation nouvelle de 5.000 francs. Les travaux de restauration, accomplis alors, donnèrent lieu à la découverte sous le maître-autel d'un cercueil de plomb auquel était fixée une plaque de bronze portant l'inscription suivante :

CI GIST LE CORPS DE Mre
PIERRE VIZE, VIVANT ESCUIER,
SEIGNEUR D'ARCUEIL EN
PARTIE, DE SUSSY ET AUTRES
LIEUX, QUI DECEDA LE
24 OCTOBRE 1654.
REQUIESCAT IN PACE.

Cette inscription est conservée dans les archives de la mairie d'Arcueil-Cachan. Pierre Vize figure notamment dans un acte de baptême du 12 février 1654 comme parrain. Sa mère se nommait Madeleine de la Bruyère, « veuve de feu Claude Vize, vivant écuyer, conseiller du Roy, président des trésoriers de France à Soissons ». L'abbé Lebeuf a eu sous les yeux le testament de Claude Vize, en date du 24 janvier 1647 ; dans cet acte, il est dit seigneur haut-justicier d'Arcueil.

Aqueducs. — Il a été question plus haut de l'aqueduc gallo-romain et de celui de Louis XIII, tous deux jetés au-dessus de la Bièvre au même emplacement, c'est-à-dire à l'endroit où la vallée est la plus resserrée, ce qui est fort naturel. Du premier de ces ouvrages, il reste encore quelques vestiges, constitués par deux massifs de maçonnerie de moyen appareil, tel que l'employaient les Romains dans leurs constructions. L'aqueduc du XVIIe siècle, bâti par Jean Coing, nous a été conservé tout entier ; il se compose de vingt-quatre arcades, dont huit à jour, sous deux desquelles coule la Bièvre ; sa longueur est de 400 mètres, sa hauteur de 24 mètres environ.

Lorsque, vers la fin du second Empire, l'adduction à Paris des eaux de la Vanne fut décidée, on résolut d'utiliser l'aqueduc déjà existant sur la Bièvre pour le passage de la conduite. A cet effet, le nouvel ouvrage a été édifié au-dessus de l'ancien, sur les contreforts duquel il est assis, et qu'il domine de 14 mètres, de façon à porter la hauteur totale du monument à 38 mètres au-dessus du fond de la vallée. A ses deux extrémités, il se prolonge au delà des deux regards qui terminent la construction de Salomon de Brosse, car sa longueur est de 900 mètres. Chacune de ses 77 arcades à jour offre une ouverture large de 10 mètres. L'édifice est entièrement construit en maçonnerie brute de meulière et de ciment ; il a coûté 964.450 francs. C'est l'ingénieur Belgrand qui a dirigé les travaux, dont l'entrepreneur a été feu M. Perrichont, ancien conseiller municipal de Paris.

Mairie.— La mairie actuelle d'Arcueil-Cachan s'élève sur la place principale d'Arcueil, en face de l'église. Elle a été construite en 1886, dans le style de l'époque de Louis XIII, par M. Ulysse Gravigny, architecte, et a coûté 220.057 fr. 20. Les frais d'aménagement intérieur se sont élevés à 18.323 fr. 50. Dans la salle des mariages se voient deux plaques de marbre noir : l'une d'elles porte la liste des édifices communaux élevés sous l'administration de M. Émile Raspail ; l'autre atteste que le présent édifice, « érigé par les soins de la municipalité, a été inauguré le 21 novembre 1886 ». Cette salle est, en outre, ornée de trois grandes fresques de M. Paul Baudoin, exécutées en 1889-1890 et inspirées par le paysage environnant et les usages locaux.

Maisons curieuses. — Rue Émile-Raspail, n° 25, au delà d'un porche et d'une cour assez vaste, est sise une maison dont le style accuse le XVe siècle, un *logis* comme on disait autrefois, et qui fut, paraît-il, une dépendance de l'ancien château des Guise qui était situé de l'autre côté de la Bièvre. C'est un fort intéressant spécimen des constructions civiles du moyen âge.

Le portail qui se voit rue de l'Abreuvoir, au delà de l'aqueduc, serait un vestige d'architecture bien plus précieux encore si l'on en croyait la tradition locale qui en fait une « maison romaine ». L'abbé Lebeuf l'a ainsi décrit : « Il y a un autre genre d'antiquité observé par ceux qui ont voulu bâtir auprès de ce vieil aqueduc (l'aqueduc gallo-romain) depuis qu'il étoit devenu inutile. Les deux ordres d'architecture, l'un sur l'autre, que l'on voit proche ces deux anciennes arcades, ne doivent pas être jugés aussi anciens que cet aqueduc ; je ne croirois tout cet ouvrage, fait après coup, que de la fin du XVe siècle au plus haut, notamment ce linteau de pierre de taille qui traverse l'arcade et qui forme le dessus de la porte de M. Donjat, ancien conseiller du grand Conseil. Tout ceci peut avoir été pris de quelque portail d'une maison notable de Paris construite, ou dans le temps que je viens de marquer, ou sous le règne de François I, auquel temps les architectes voulurent se piquer d'imiter les Italiens. Au milieu de ce linteau est un écusson des armes fascé de dix pièces, au chef chargé de trois soleils, ce qui en désigne la nouveauté. On y voit des pilastres d'ordre rustique avec deux figures d'un goût médiocre, hautes de cinq pieds, dont l'une représente Janus à deux visages de profil, l'autre, une femme ayant les bras croisés sur l'estomac ; une autre, le Dieu Terme ou le *Jupiter terminalis* avec une barbe épaisse et des cheveux touffus ; les draperies en sont assez bien entendues ; la figure va en rétrécissant jusque sur les pieds en forme de gaîne. Les deux figures soutiennent l'extrémité d'une longue corniche ou entablement, lequel supporte un second corps d'architecture d'ordre ionique, qui va jusqu'à l'endroit où avoit été l'ancien conduit des eaux. »

L'abbé Lebeuf a raison de ne voir dans cette façade, — plus dégradée aujourd'hui qu'elle ne l'était de son temps, — qu'un ouvrage du temps de François Ier, où nos constructeurs imitaient le style italien ; c'est en effet un morceau appartenant à la Renaissance. On l'appelle à Arcueil la maison de Mme de Provigny.

Rue de la Fontaine, n° 11, à l'autre extrémité de l'agglomération, en aval, est située une maison du XVIIIe siècle, et qui fut habitée par le trop célèbre marquis de Sade. On veut qu'elle ait été le théâtre d'orgies immondes et barbares ; nous ne nous ferons pas l'écho de cette tradition, qui n'est rien moins qu'authentique.

CACHAN

A la différence de la plupart des anciens hameaux, Cachan a un passé considérable et de véritables titres de noblesse. Le voisinage trop immédiat d'Arcueil l'a seul empêché de devenir chef-lieu de paroisse sous l'ancien régime et de commune à notre époque ; il en est certainement digne par l'importance qu'il a eue jadis.

On ignore l'origine de son nom : *Caticantum* en latin, Cachant en vieux français et presque jusqu'à nos jours ; les uns ont pensé qu'il fallait la voir dans le chant du chat, comme certaines localités tirent leur nom du chant du loup, Chanteloup ; les autres y ont vu un rapport avec le mot chasser, explication plus vraisemblable, mais qui n'est pas non plus certaine ; il est à craindre que le problème ne soit jamais résolu.

Cachan apparaît dans l'histoire au IXe siècle : sous Louis le Débonnaire, l'abbaye de Saint-Germain-des-Prés en possédait le territoire, dont l'abbé Hilduin affecta le revenu à l'habillement de ses religieux. L'abbaye posséda, d'ailleurs, la seigneurie de Cachan jusqu'à ce que la Révolution vînt l'en déposséder ; elle y avait un château, construit à une époque que l'on ignore, et qui fut mis en vente en 1791, puis démoli sous la Restauration.

Il est prouvé que, dès le XIVe siècle, les rois de France eurent à Cachan un domaine où ils séjournèrent souvent. Bon nombre d'actes de Philippe le Bel sont datés de Cachan ; Charles le Bel signa dans le même lieu une charte en juin 1326.

Jean le Bon agrandit le manoir royal en 1353 par l'acquisition, moyennant quatre mille écus d'or, d'une terre qu'y possédait Jeanne de Trie, veuve de Charles de Chambly. Peu après, cette terre fut constituée en apanage ; elle appartint alors à Jean, duc de Berry, qui la donna ensuite à Du Guesclin, et ce dernier la céda à son tour à Louis, duc d'Anjou, par acte du 8 juillet 1377.

La colline des Hautes-Bruyères, qui dépend maintenant du territoire de Villejuif, faisait autrefois partie de Cachan : un bail du 24 juin 1534 fait mention du bien dit « la Bruyère, sis derrière

Cachan, tenant d'une part à la voie qui va de Cachan à la Saulsoye, et par haut au chemin qui va de Lay à Paris »[1].

Des actes analogues font connaître d'autres lieux dits sis à Cachan : Richiny ou Richigny (1516) ; la Pissotte (1522) ; Sur le Moulin (1545) ; les Marnières ; les Lumières (1549) ; la Fontaine couverte (1564) ; Lirets, « dans la censive de l'illustrissime cardinal de Bourbon » (1572) ; les Gros ou les Grous 1587) ; Longboyau (1610)[2].

Camille Desmoulins habita Cachan en 1792, dans une maison qui existe encore, n° 8, rue Camille-Desmoulins (anciennement rue Bronzac) ; c'est là qu'il adressa à sa femme, Lucile Laridon, sa dernière lettre avant de monter sur l'échafaud.

Sur la place principale de Cachan se voit une jolie fontaine construite en 1845, dans le style de la Renaissance, et qui a été décrite dans l'*Inventaire des œuvres d'art du département de la Seine* (t. II, arrondissement de Sceaux, p. 48).

Une école maternelle a été construite en 1884 sur la route de L'Haÿ.

LA BANLIEUE

Sur le territoire d'Arcueil, en bordure du grand chemin d'Orléans, était autrefois située une léproserie importante, appelée la Banlieue, parce que, originairement, elle avait dû être nommée léproserie de la banlieue. Elle recevait en effet tous les lépreux des villages de la banlieue Sud de Paris, qu'un acte latin de 1351 énumère ainsi : Arcueil, Notre-Dame des Champs, Saint-Marceau, Issy, Vaugirard, Vanves, Châtillon, Bagneux, Fontenay près Bagneux, Sceaux grand et petit, Bourg-la-Reine, Antony, Châtenay, Le Plessis.

On a lieu d'être surpris que cet hôpital ait été choisi en 1360 comme lieu d'assemblée pour traiter de la paix entre les Français et les Anglais ; la chose est cependant affirmée par un témoignage contemporain et officiel, *les Grandes Chroniques de France :* « Et assemblèrent les traicteurs en une maladrerie appelée la Banlieue, qui est outre la tombe Ysore ».

1. Archives nationales, S. 3521.
2. *Ibid.*

L'abbé Lebeuf a cité le fait, mais d'après un texte fautif qui, au lieu de tombe Ysore (Tombe-Issoire), dit la Banissoire.

La lèpre disparut complètement de nos régions vers la fin du XVIe siècle, et c'est sans doute à ce moment que la Banlieue cessa d'être une maladrerie. Au XVIIIe siècle, une auberge en portait le nom; aujourd'hui, le souvenir même en a péri; toutefois des ouvriers qui, en 1892, construisaient une maison sur son emplacement, entre la Croix d'Arcueil et la rue Berthollet, remarquèrent, en creusant les fondations, la présence de vestiges d'une fort ancienne bâtisse. Il est regrettable que des archéologues n'aient pas été alors invités à les constater.

BIBLIOGRAPHIE

Paroisse d'Arcueil et Cachan. Notice de l'abbé Lebeuf dans l'*Histoire du diocèse de Paris*, t. IV, pp. 14-25 de l'édition de 1883.

Arcueil, par Ch. Duchalais; *Sceaux*, impr. Dépée, s. d.; in-8°, 14 pp.

Texte de la dernière lettre de Camille Desmoulins à sa femme, publiée avec une notice par Boncorps; *Paris*, lith. Lubin, 20 mai 1875; in-4°, 3 pp.

On conserve à la mairie d'Arcueil un dossier assez volumineux de notes manuscrites sur l'histoire du bourg par un de ses anciens habitants, M. Arnoulet, mort il y a quelques années.

Fernand Bournon.

RENSEIGNEMENTS

ADMINISTRATIFS

I. — TOPOGRAPHIE, DÉMOGRAPHIE ET FINANCES

§ I. — TERRITOIRE ET DOMAINE

A.— TERRITOIRE

Nom. — Arcueil-Cachan.

Dénomination des habitants.— Il n'y en a pas.

Armoiries. — Les armes d'Arcueil-Cachan se composent de deux écussons accolés : à dextre, *Arcueil* porte : écartelé, au 1 et au 4, d'azur, à l'aqueduc de trois arches d'argent, maçonné et ajouré de sable, sur une terrasse de sinople, pour *Arcueil ;* au 2, d'azur, à trois fleurs de lis d'or, qui est de France ; au 3, d'or, à cinq tourteaux de gueules rangés en orle, surmontés d'un plus grand tourteau d'azur, à trois fleurs de lis d'or, qui est de *Médicis.*

A sénestre, *Cachan* porte : écartelé, au 1 et au 4, d'azur, semé de fleurs de lis d'or, qui est de *France ancien ;* au 2 et 3, d'argent, à l'aigle éployée de sable, becquée et membrée de gueules, à la cotice de même, brochant sur le tout, qui est de *Du Guesclin.*

Les deux écussons accolés par la pointe et sommés d'une couronne murale de cinq tours.

Limites du territoire.— La commune est bornée :

Au Nord, par Gentilly ;

A l'Est, par Gentilly et Villejuif;
Au Sud, par L'Haÿ et Bourg-la-Reine ;
A l'Ouest, par Montrouge et Bagneux.

Quartiers, hameaux, écarts. — La commune est composée de trois agglomérations à peu près distinctes, l'une à Laplace, au lieu dit les Hautes Bornes, l'autre à Arcueil et la troisième à Cachan. Il existe, en outre, le long de la route d'Orléans, à l'Ouest de la commune, plusieurs groupes d'habitations distincts des trois agglomérations, l'un, notamment au lieu dit la Croix d'Arcueil où se trouvent groupés plusieurs établissements industriels, et un autre, au Sud-Ouest, au lieu dit les Lumières, où se trouvent exclusivement des habitations de plaisance.

Lieux dits.— Les Grouettes, les Grandines, les Hautes Bornes, le Chemin d'en bas, Sous les Prés, Prairie d'Arcueil, le Ricardo, la Vaudenaire, le Cherchefeuille, Monpétrin, les Pantins, la Tour carrée, les Garennes, les Goischères, les Tournelles, Parc de Cachan, la Pitancerie, Dessous des Murs, Long Boyau, les Sablons, Moulin de Cachan, les Frettes, les Lours, Prairie de Cachan, les Gros, la Belle Image, les Lumières, la Tombe, le Champtier, Sainte-Catherine, la Croix d'Arcueil, le Fond Val, les Baguettes, la Vache noire.

Superficie de la commune.— La superficie actuelle du territoire est de 514 h. 03 a. 40 c., dont :

Propriétés bâties . .	9 h. 84 a. 48 c.
Propriétés non bâties . .	504 h. 18 a. 92 c.
Total égal . .	514 h. 03 a. 40 c.

Arrondissement.— Sceaux.

Canton.— Villejuif.

Circonscription électorale législative.— 3e circonscription de l'arrondissement de Sceaux.

Sectionnement électoral.— Pas de sectionnement.

Bureau de vote.— Un seul, à la salle du gymnase, dans les écoles.

Circonscription de commissariat.— La commune dépend du commissariat du Kremlin-Bicêtre qui a, en outre, dans sa circonscription, les communes de Gentilly et Villejuif.

Orographie.— Point le plus élevé au-dessus du niveau de la mer : 105 et 110 mètres, près de la route départementale n° 26, à l'Est de la commune, au pied de la redoute des Hautes-Bruyères.

Point le plus bas : 45 mètres, du Sud au Nord de la commune, dans la dépression dans laquelle coule la Bièvre.

Hydrographie. — Sous ce paragraphe, il suffit d'énumérer les différentes dérivations d'eau de source ou aqueducs qui traversent la commune. Il en sera parlé, en détail, dans le paragraphe Voirie, sous la rubrique « aqueducs ». Il en sera de même pour les renseignements relatifs à la rivière de Bièvre.

La commune est parcourue dans des sens divers par trois dérivationsd'eau de source destinées à l'alimentation de la capitale. Ce sont, par ordre d'ancienneté : l'aqueduc d'Arcueil, qui amène à Paris les eaux de ce qu'on appelait les sources du Midi, provenant des coteaux de Rungis, L'Haÿ, Arcueil et Cachan ; la dérivation dite de la Vanne, au moyen de laquelle on amène les eaux du bassin de cette rivière et de quelques sources situées dans les départements de l'Yonne et de l'Aube ; enfin, celle du Loing et du Lunain, provenant de sept sources toutes situées dans le département de Seine-et-Marne, cantons de Nemours et de Moret.

Quant à la rivière de Bièvre, elle traverse la commune dans sa plus grande longueur du Sud au Nord ; elle vient d'être couverte sur une partie de son parcours et transformée en égout.

B. — DOMAINE

Mairie. — Dans la partie historique, on a exposé comment il avait été pourvu à l'installation des services municipaux, depuis le commencement du siècle jusqu'en 1886 où fut construite la mairie actuelle.

Situé à l'angle de deux grandes voies (Grande-Rue et avenue F.-V.-Raspail), le monument, précédé d'un avant-corps qui forme vestibule, a grand air et domine toutes les habitations qui s'étagent sur la colline où est construit Arcueil.

On a dû procéder à l'agrandissement de la place sur laquelle est construite la mairie pour la dégager. Dans ce but, on a exécuté, en 1887, différents travaux qui ont coûté 74.000 francs.

Au rez-de-chaussée se trouvent les bureaux de l'état civil et du secrétariat, une salle de commissions et le logement du concierge. On voit dans le vestibule les bustes de Berthollet et de Laplace. Les étages sont occupés par la salle des mariages et du Conseil, le cabinet du maire, les archives, la bibliothèque et une salle de réunion.

La salle des mariages est décorée de trois toiles, œuvre de M. Paul Baudouïn, élève de Puvis de Chavannes, qui représentent : les Fiançailles, les Blanchisseuses et le Tir. Les deux premières de ces œuvres ont valu à leur auteur une médaille d'or à l'Exposition universelle de 1889 ; quant à la troisième, elle a été exécutée sur place.

Enfin, le plafond de cette salle est décoré de cartouches portant les armes de la commune.

Signalons une garniture de cheminée composée d'une pendule en marbre et bronze doré et de deux coupes de grande dimension, plusieurs chaises et fauteuils sculptés qui se trouvent dans la salle des mariages, une table placée dans la salle des Commissions et une paire de lampes en bronze. Ces divers objets faisaient partie du butin que les vainqueurs lors de l'invasion de 1871 se proposaient d'emporter et qu'au dernier moment ils abandonnèrent.

Le monument, exécuté sous la municipalité de M. Émile Raspail, a été inauguré par M. Poubelle, Préfet de la Seine, le 21 novembre 1886. Il a coûté 220.057 fr. 26, non compris les frais d'aménagement qui se sont élevés à 18.323 fr. 50, et appartient à la commune.

Écoles. — On a vu, dans la première partie de ce travail, les différentes modifications qui ont été apportées, au cours du siècle qui vient de prendre fin, à l'installation des écoles.

Aujourd'hui, il existe à Cachan une école maternelle, un groupe pour les garçons et un pour les filles, rue des Écoles, une école maternelle rue Émile-Raspail et une école maternelle avenue Laplace.

L'école maternelle qui se trouve à Cachan, rue Camille-Desmoulins, a été ouverte en 1884 pour donner satisfaction aux habitants de cette partie de la commune qui se plaignaient de l'éloignement des écoles du centre. Elle a une superficie totale de 1.374 mètres, et a coûté 74.000 francs environ. En 1900, la commune a acquis un immeuble, sis rue Camille-Desmoulins, n°s 6 et 8, pour le dégagement de cette école. La dépense s'est élevée à 50.000 francs.

Les deux groupes du centre ont subi des affectations et des transformations successives.

L'école des garçons date de 1846. Le terrain, d'une superficie de 35 ares environ, et sur lequel se trouvaient des bâtiments d'ailleurs en mauvais état, fut acquis par acte du 14 mai 1846, moyennant un prix de 18.000 francs, non compris les frais; l'autorisation fut donnée par ordonnance royale du 16 décembre suivant; à cette propriété on réunit, en 1851, un terrain de 207 m. 38 acquis au prix de 6.000 francs.

Les constructions exécutées au cours des années 1851-1852 coûtèrent 59.920 fr. 60 et l'ameublement 9.600 francs.

En 1868, les locaux qui, jusqu'à cette date, avaient été suffisants pour les écoles de garçons et celles de filles, durent être agrandis. On fit alors l'acquisition d'une propriété de 1.384 m. 25 moyennant un prix de 8.482 fr. 50, sur laquelle on construisit des écoles destinées aux filles, les bâtiments anciens restant affectés pour la totalité à l'école des garçons.

Les bâtiments coûtèrent 34.040 francs. Dans cette somme sont compris les frais d'ameublement.

Un peu plus tard, en 1871, pour donner satisfaction aux habitants du quartier du Parc, la commune fit l'acquisition, moyennant un prix de 10.000 francs, d'un terrain, sis route de Laplace, d'une contenance de 2.465 mètres, et y construisit un groupe scolaire qui coûta 46.767 fr. 82.

Mais, en 1875, par suite de la réunion à Montrouge du quartier du Parc, ce groupe perdit une partie de son utilité et fut transformé en école maternelle. Une partie des bâtiments servit à installer un musée scolaire.

D'autre part, la transformation de ce groupe ayant amené aux écoles du centre une partie des élèves qui le fréquentaient, ces dernières écoles se trouvèrent trop petites et on dut les agrandir.

Aussi, au mois de février 1879, le Conseil général alloua à la commune une subvention de 60.000 francs pour l'exécution des travaux. L'école des filles fut surélevée d'un étage; les murs, la cour, le préau réparés et agrandis; la dépense atteignit 30.702 fr. 25. A l'école des garçons, on dut aménager l'asile en classe, déplacer le gymnase que l'on transforma en préau couvert et installer un nouveau gymnase. Ces travaux coûtèrent 25.305 fr. 77. La commune acquit ensuite du département un terrain, sis Grande-Rue, d'une contenance de 614 m. 97, moyennant le prix de 5.500 francs, pour y construire une école maternelle.

Pendant l'exécution des travaux, elle prit en location au prix de 1.000 francs par an un local, sis rue des Écoles, n° 4, où elle installa provisoirement cette école.

Les constructions furent achevées en 1881 et coûtèrent 42.848 fr. 22.

Le Conseil municipal étudie, en ce moment, un projet de construction d'un groupe scolaire complet.

Église. — Ce monument, sur la date de construction duquel, dans la première partie, des renseignements très détaillés ont été donnés, a sa façade principale dans la Grande-Rue et occupe une superficie de 5 a. 22. Il présente trois travées séparées par des contreforts. La travée du milieu s'élève en pignon et est ajourée au rez-de-chaussée par une baie rectangulaire encadrée dans une arcade ogivale dont les nervures viennent retomber sur des groupes de colonnettes engagées. Dans le tympan, on a sculpté un Christ présentant les Évangiles et accosté de deux anges adorateurs. Ce groupe, dont l'auteur est inconnu, a été placé dans le portail de l'église en 1864; il n'a, d'ailleurs, aucune valeur artistique.

L'étage supérieur de la façade est ajouré par une rosace avec meneaux et dans le tympan du pignon s'ouvre une baie rectangulaire. Le pignon est surmonté d'une croix latine en pierre. Les deux travées latérales sur lesquelles se terminent les deux bas côtés ont des rampants qui viennent s'appuyer sur les murs latéraux de la grande nef accusée par le pignon que nous venons de décrire. Les contreforts extrêmes qui limitent la façade du monument sont surmontés de pinacles et reçoivent la retombée de deux arcs qui viennent contre-butter la voûte de la grande nef. De la Grande-Rue, on descend huit marches pour aboutir à l'entrée du monument.

Les façades latérales présentent sept travées séparées par des contreforts surmontés de pinacles et recevant, au-dessus du toit des collatéraux, des arcs de décharge pareils à ceux qui ont été déjà décrits. Chacune de ces travées est ajourée au rez-de-chaussée par un œil-de-bœuf qui éclaire les bas côtés et au premier étage également par des œils-de-bœuf et des fenêtres ogivales. Au droit de la septième travée, à l'extrémité de la façade latérale de droite, s'élève une tour carrée dans laquelle on accède par une petite porte rectangulaire et dont l'étage supérieur du beffroi est ajouré, sur chacun des côtés, par une baie plein cintre garnie d'abat-sons. Cet ensemble de la tour est couronné d'une corniche qui se profile sur le toit par quatre frontons très plats et se termine par un toit à la Mansard, surmonté d'une croix latine en fer.

Le monument est construit sur plan rectangulaire et présente à l'intérieur une grande nef flanquée de collatéraux. La grande nef possède neuf travées divisées en deux étages. Ces neuf travées rappellent les trois âges de l'édifice. Les deux premières sont du XIIe siècle; elles ont été restaurées, mais sans goût; on y a installé des orgues et un escalier qui conduit à la tribune et aux galeries sous les combles des bas côtés: les détails architecturaux en ont disparu en grande partie. Les cinq travées suivantes sont du XIIIe siècle et ont moins souffert que les deux premières; c'est encore un beau spécimen de l'époque. Quant aux deux dernières, qui remontent au XVe siècle, elles viennent d'être reconstruites.

Ces neuf travées sont séparées, au rez-de-chaussée, par de grosses colonnes ou piliers romans dont les chapiteaux reçoivent, d'une part, la retombée des arcs ogives qui s'ouvrent sur les collatéraux, d'autre part, les nervures qui décorent les voûtes des bas côtés et enfin la base des colonnettes ou faisceaux de colonnettes qui occupent l'étage supérieur de l'édifice. Ces colonnettes ou faisceaux reçoivent, de leur côté, les sommiers des nervures ogivales qui accusent la voûte de la grande nef et les arcs formerets qui encadrent les pénétrations des fenêtres en forme d'œils-de-bœuf dont nous avons parlé en décrivant les façades.

Au-dessus de ces œils-de-bœuf et au-dessus des arcs ogives du rez-de-chaussée, règne un triforium présentant une arcature ogivale qui divise les travées de la grande nef en trois parties séparées par des colonnettes romanes.

Derrière cette arcature s'ouvre un arc ogival dont l'extrados supporte le faîtage des toitures qui abritent les deux collatéraux.

A l'entrée de l'église, à droite, se trouve la chapelle des fonts. Au chevet est placé le maître-autel, à droite et à gauche duquel les extrémités des collatéraux sont occupées par deux chapelles.

Ainsi qu'on l'a dit, l'église a été classée parmi les monuments historiques. Des réparations intempestives et maladroites, faites vers 1866, ont eu pour conséquence le déclassement qui a été prononcé par arrêté ministériel du 21 décembre 1878.

La commune a cependant fait des sacrifices considérables au cours de ce siècle pour l'entretien du monument. De 1815 à 1866, les sommes dépensées par elle, dans ce but, dépassent 150.000 francs. En 1891, le monument a été restauré. Les dépenses qui se sont élevées à 25.000 francs ont été couvertes par un don fait par Mme de Provigny.

Il n'existe pas d'autre monument, affecté au culte, dans la commune.

Presbytère. — Le presbytère, situé, depuis 1856, Grande-Rue, n° 22, est installé dans une propriété d'une contenance de 9 a. 04, acquise par la commune moyennant un prix de 9.000 francs. Les travaux d'appropriation et d'aménagement faits à cette époque coûtèrent 17.000 francs. Un peu plus tard, les travaux que nécessita l'installation d'un vicaire dans le presbytère s'élevèrent à 5.441 francs.

Cimetière. — La commune possède deux cimetières. L'un, situé rue du Chemin-de-Fer, a une superficie de 17 a. 08, dont la moitié, soit 8 a. 58, fut acquise vers 1811 moyennant un prix de 470 francs, le surplus (8 a. 50) fut donné par un propriétaire voisin. Les frais de clôture et de plantation s'élevèrent à 3.520 fr. 89.

En 1836, on l'agrandit de 17 a. 83 qui coûtèrent 1.200 francs; les clôtures et les plantations, 2.526 fr. 17.

En 1863, nouvel agrandissement. On acheta 1.550 mètres carrés pour une somme de 2.325 francs; on les clôtura, on construisit un caveau dépositoire, un logement pour le gardien. Ces travaux, terminés en 1866, occasionnèrent une dépense de 9.277 fr. 38.

Malgré ces agrandissements successifs, on dut songer en 1879 à établir un nouveau cimetière. A cet effet, la commune acheta, au lieu dit « le Ricardo », un terrain en façade sur la rue du Moulin-de-la-Roche, d'une superficie de 58 a. 50. L'acquisition fut réalisée moyennant un prix de 9.144 fr. 90; les travaux coûtèrent 48.178 fr. 80, soit une dépense totale de 57.323 fr. 70.

Le gardien du cimetière est en même temps fossoyeur ; il est logé.

Le cimetière contient des concessions perpétuelles, trentenaires ou temporaires qui sont cédées d'après un tarif publié aux Annexes. Les concessions trentenaires sont renouvelables indéfiniment, à l'expiration de chaque période, moyennant une redevance qui ne peut pas dépasser le chiffre de la première. Si on ne sollicite pas le renouvellement, le terrain fait retour à la commune. Toutefois, la reprise effective ne peut avoir lieu qu'après un délai de deux ans, pendant lequel les premiers concessionnaires conservent le droit de demander le renouvellement.

Les concessions temporaires sont faites pour dix ans au plus et ne peuvent être renouvelées.

Tombe militaire. — Les ossements de 230 militaires, tués pendant la guerre de 1870-1871 et inhumés alors provisoirement sur divers points de la commune, ont été réunis, en 1876, dans une concession de 6 mètres superficiels, cédés par la commune à l'État, moyennant un prix de 900 francs. Cette tombe est entourée d'une grille et rien ne la distingue des tombes voisines.

Par délibération du 30 mai 1899, le Conseil municipal a voté une somme de 100 francs pour réparations à la tombe militaire et à celle du comte Berthollet, ancien maire d'Arcueil.

Il n'y a pas dans la commune d'immeubles spécialement affectés à un *dispensaire*, à un *fourneau économique*, à un *théâtre*, *abattoir*, *fourrière*.

Il n'y a pas d'autre *hôpital* que celui dont il sera parlé sous la rubrique *Établissement privé de bienfaisance*.

Crèche. — Il existe à Arcueil un « asile laïque du premier âge » qui correspond aux établissements connus sous le nom de *crèches*. Il occupe un immeuble situé rue Émile-Raspail. Le terrain, d'une superficie de 70 mètres environ, appartenait à la commune; la construction a été élevée pour la plus grande partie avec le produit d'un don de 20.000 francs fait par l'ancien maire dont la rue porte le nom.

Pour commémorer le souvenir de cette libéralité, la municipalité a fait apposer au-dessus de la porte d'entrée une plaque en marbre noir, sur laquelle on lit, gravée en lettres d'or, l'inscription suivante :

RÉPUBLIQUE FRANÇAISE
LIBERTÉ, ÉGALITÉ, FRATERNITÉ

VILLE D'ARCUEIL-CACHAN

A LA MÉMOIRE DE M. ET MME ÉMILE RASPAIL
FONDATEURS DE L'ASILE LAIQUE DU 1er AGE
LEURS CONCITOYENS RECONNAISSANTS
14 JUILLET 1900

Salle des fêtes. — Une salle des fêtes, qui sert en même temps de salle de gymnastique, a été construite vers 1880.

Elle est située près de l'école de garçons et a une superficie de 100 mètres environ.

Fontaines. — Il existe, dans la commune, deux fontaines publiques, sises l'une à Arcueil, l'autre à Cachan.

De la première, située rue de la Fontaine, il n'y a rien à dire si ce n'est qu'elle affecte la forme pyramidale et comprend un soubassement composé de trois assises placées en retrait l'un sur l'autre et d'une borne en pyramide tronquée terminée par une boule. Elle aurait été construite à l'époque de Louis XIII.

La seconde a été construite en 1844 à la suite d'une convention relative à la source de Cachan. Elle est surmontée d'une cuvette de dimentions suffisantes pour contenir la quantité d'eau que la Ville de Paris doit délivrer à l'ancien domaine de Cachan. De là, par des tuyaux jaugés, s'opère la distribution aux copropriétaires de ces eaux ; le trop-plein descend ensuite dans un réservoir inférieur dans lequel est faite la prise d'eau du village.

Le monument proprement dit forme la façade de ce double réservoir. Quatre pilastres le partagent en trois travées irrégulières : celle du milieu qui est la plus importante est décorée d'une tête de lion occupant le centre d'une couronne composée de plantes aquatiques.

Cette couronne, elle-même, se détache sur le milieu d'une table rectangulaire dont les différentes moulures sont accusées par des gaudrons et des perles.

Les quatre triangles laissés libres entre la couronne et le tableau sont ornés de rosaces.

Les deux travées latérales sont décorées avec un rocaillage de meulière, et les pilastres sont en pierre. Une corniche couronnée, au droit de chacun de ces pilastres, de vases bronzés, termine le monument. L'eau est distribuée aux habitants par deux bornes en fonte qui sont placées dans les axes des travées latérales.

Rue de l'Abreuvoir, on a construit, en 1880, un hangar destiné à servir de ***dépôt de matériaux*** sur un terrain qui appartenait déjà à la commune ; la dépense s'est élevée à 3.080 fr. 48.

Muséum scolaire. — Le muséum scolaire occupe deux salles dépendant des écoles de Laplace. Les dépenses d'appropriation s'élevèrent (1878) à environ 1.000 francs.

Remise de pompes.— Le matériel d'incendie est remisé dans un local aménagé dans les sous-sols de la mairie.

Bureaux d'octroi et terrains communaux. — Les bureaux d'octroi sont installés dans des cabines placées en bordure des voies publiques. Il en est un, cependant, situé rue Camille-Desmoulins, à Cachan, qui occupe un local pris à bail par la commune (3, 6, 9 ans, à partir du 1er janvier 1898, bail du 15 septembre précédent), et pour lequel elle paye un loyer annuel de 100 francs.

Il convient de dire que ce local, composé de deux pièces, sert également de cabine téléphonique. Celle-ci est desservie par l'employé d'octroi chargé du bureau installé dans le même local.

Enfin, la commune loue (bail du 30 juin 1896), à raison de 130 francs par an, un terrain, sis rue Nouvelle-du-Parc, où elle dépose des matériaux et qu'elle met à la disposition des forains au moment de la fête communale.

Fort. — Le fort, dit de Montrouge, se trouve sur le territoire d'Arcueil.

Lors de la réunion, à Montrouge, d'une partie du territoire d'Arcueil (31 juillet 1875), le fort qui porte ce nom est resté attaché à cette dernière. Depuis cette époque, le Conseil municipal a protesté, à plusieurs reprises, contre cette délimitation arbitraire et a demandé que les limites de la commune fussent reportées, en ce point, à la route stratégique.

La superficie de cet ouvrage est de 1 hectare environ. Le 24 mars dernier, il était occupé par 168 hommes de troupe.

Enfin, toute commune qui perçoit des droits d'octroi étant tenue, aux termes d'un décret du 7 août 1810, de contribuer au payement des frais de casernement, Arcueil a payé de ce chef, en 1899, une somme de 548 fr. 25.

La fixation du taux de la contribution est réglée au moyen d'un abonnement. Un décret du 7 juin 1900 en a fixé le taux pour une durée de 4 ans, à compter du 1er janvier 1901, à 4 francs par homme et 3 francs par cheval.

§ II. — DÉMOGRAPHIE

A. — POPULATION

Les dénombrements qui ont été faits depuis 1801 ont donné les résultats suivants :

1801	1.126[1]
1817	1.435
1831	1.809
1836	1.746
1841	1.734
1846	2.701
1851	2.493
1856	2.957
1861	4.078
1866	5.024
1872	5.258
1876	5.299
1881	6.067
1886	6.465
1891	6.088
1896	7.064

Malgré des fluctuations nombreuses et que rien ne permet d'expliquer, il résulte de ces chiffres que la population a sextuplé pendant le siècle dernier. La progression paraît devoir s'accentuer si on en juge par l'écart que présentent les deux derniers recensements où l'augmentation a atteint le chiffre de près de 1.000 habitants.

Nous donnons ci-après quelques extraits des tableaux dressés à la suite du recensement de 1896 :

Population résidente : 7.064

Résidents présents	6.412	7.064 habitants
— absents	82	
Population comptée à part	570	

1. Un siècle auparavant, en 1709, lors du dénombrement des paroisses de la Généralité de Paris, la population d'Arcueil ne comprenait que 135 feux. (*Appendice* [p. 424] *au Mémoire de la Généralité de Paris pour l'instruction du duc de Bourgogne*, publié dans la Collection des documents inédits de l'Histoire de France, par M. de Boislisle.)

La population *recensée comme présente*, le 29 mars 1896, est classée ainsi qu'il suit :

	ENFANTS ou célibataires	MARIÉS	VEUFS	DIVORCÉS	TOTAL
Hommes.	1.879	1.460	156	6	3.501
Femmes	1.667	1.434	453	9	3.563
	3.546	2.894	609	15	7.064

Si l'on classe la population de la commune d'après la provenance, on trouve les résultats suivants :

25/35es d'habitants venus de divers points de la France ;

9/35es d'habitants nés à Arcueil-Cachan ;

1/35es d'Alsaciens et d'étrangers.

Voici, dans le tableau ci-dessous, le classement de la population par nationalité :

		HOMMES	FEMMES	TOTAL
FRANÇAIS	Nés de parents français	3.277	3.405	6.682
	Naturalisés	117	103	220
ÉTRANGERS	Anglais, Écossais ou Irlandais	3	»	3
	États-Unis	10	»	10
	Allemands	12	6	18
	Autrichien	1	»	1
	Belges	24	22	46
	Hollandais	4	»	4
	Luxembourgeois	21	9	30
	Italiens	7	4	11
	Espagnols	9	5	14
	Portugais	2	»	2
	Suisses	7	6	13
	Russe	1	»	1
	Grec	1	»	1
	Roumain	1	»	1
	Turcs	2	»	2
	Africain	1	»	1
	Autres nationalités	1	3	4
		3.501	3.563	7.064

Les départements de France qui fournissent à Arcueil-Cachan le plus fort contingent sont :

Seine (non compris Arcueil-Cachan)	2.141
Seine-et-Oise	333
Yonne	125
Nièvre	123
Mayenne	109
Loiret	100
Seine-et-Marne	96
Eure-et-Loir	88
Aisne	84
Côtes-du-Nord	74
Orne	61
Cantal	56
Manche	51

En résumé, la population de la commune se répartit ainsi, d'après le lieu de naissance des habitants :

Français	6.902	dont	1.745	nés dans la commune.
Étrangers	162	—	»	—
Soit un total de	7.064	dont	1.745	nés dans la commune.

Dans l'année 1900, on a enregistré à l'état civil :

194 naissances ;
183 décès ;
62 mariages ;
1 divorce.

B. — HABITATIONS

Nombre de maisons : 651.

Habitations composées d'un rez de chaussée	70
— d'un étage	330
— de deux étages	189
— de trois étages	51
— de quatre étages	11
Total	651

dont . . . . 650 occupées
et . . . . 1 vacante

Nombre de logements : 2.191 occupés par . 356 isolés
et . 1.713 familles

225 ateliers, magasins ou boutiques.

C. — DIVERS

Électeurs inscrits en 1901.— 1.779.

Recrutement.— 42 conscrits ont tiré au sort en 1901.

Chevaux.— 533 chevaux appartenant à 217 propriétaires :

Chevaux entiers.	256 dont 9	au-dessous de 6 ans
Chevaux hongres	153 dont 3	—
Juments.	144 dont 2	—
	553 dont 14	au-dessous de 6 ans

Voitures.— 372 voitures appartenant à 256 propriétaires :

	238	à 2 roues, attelées de 1 cheval
	13	— de 2 chevaux
	99	à 4 roues, attelées de 1 cheval
	22	— de 2 chevaux
Total.	372	

§ III. — FINANCES

A. — CONTRIBUTIONS

Principal des contributions directes en 1901 :

Contribution foncière	19.168 »
— personnelle et mobilière	15.810 »
— des portes et fenêtres.	11.353 »
— des patentes.	19.647,94
Total.	65.978,94

Perception des contributions. — La commune dépend de la perception de Montrouge. Le percepteur de cette circonscription se rend à Arcueil-Cachan, tous les mercredis, et il se tient à la disposition des contribuables, de 11 heures à 3 heures, à la mairie.

B. — OCTROI

L'octroi d'Arcueil a été créé en vertu d'une délibération du 14 mai 1823, dans laquelle on lit :

« Considérant que, d'après les renseignements pris par M. le Maire à l'Administration générale des contributions indirectes, la consommation annuelle des vins, calculée sur trois années, est de 1.971 hectolitres : qu'en fixant le droit d'octroi à 1 fr. 50 l'hectolitre, la commune aurait un revenu net extraordinaire d'environ 2.400 francs, ce qui ne serait que suffisant pour ses besoins ;

« EST D'AVIS :

« 1° Qu'il soit établi un octroi municipal pour la commune d'Arcueil ;

« 2° Que cet octroi soit perçu sur les vins qui se consomment dans la commune, à raison d'un franc cinquante centimes par hectolitre pour les vins en cercles et d'un centime et demi par bouteille pour les vins en bouteille ;

« 3° Que la perception de cet octroi se fasse par abonnement avec la régie des contributions indirectes. »

Les perceptions projetées furent autorisées par ordonnance royale du 7 juillet 1824 et furent effectuées à partir du 1er août suivant. Le facteur boîtier de la commune fut nommé receveur de l'octroi par arrêté du 31 juillet. Les recettes des 5 derniers mois de 1824 s'élevèrent à 1.483 fr. 56 et les dépenses à 256 fr. 52. Plus tard, le taux de cette contribution ayant été réduit à partir du 1er janvier 1856 à 0 fr. 92 par hectolitre, en exécution de la loi du 11 juin 1842 (art. 10) et du décret du 17 mars 1852, la commune, pour équilibrer son budget, décida, par délibération du 30 décembre de la même année, d'imposer :

L'alcool à raison de 4 francs l'hectolitre ;

La viande à raison de 1 franc à 5 francs le kilogramme, suivant la nature et la quantité ;

Le plâtre à raison de 0 fr. 40 le mètre cube.

Aujourd'hui l'octroi est géré directement par la commune. Le personnel se compose d'un préposé en chef, de quatre receveurs, d'un brigadier et d'un surveillant.

Il existe quatre bureaux de perception situés :

1° Au lieu dit route d'Orléans, près de l'avenue Laplace;

2° Avenue Carnot, près du pont du chemin de fer (bureau central);

3° Rue Camille-Desmoulins;

4° Avenue François-Vincent-Raspail.

Ils sont ouverts tous les jours depuis 7 heures du matin jusqu'à 6 heures du soir, pendant les mois de janvier, février, novembre et décembre; depuis 6 heures du matin jusqu'à 7 heures du soir pendant les mois de mars, avril, septembre et octobre; depuis 5 heures du matin jusqu'à 8 heures du soir pendant les mois de mai, juin, juillet, août.

En 1899, les taxes principales ont produit 94.277 fr. 68. Les taxes spéciales, qui sont affectées au remboursement de divers emprunts, ont produit la même année 15.092 fr. 80.

Les dépenses d'administration de l'octroi se sont élevées, la même année, à 11.902 fr. 10, savoir:

Frais de personnel.	10.779,15
Location du bureau	100 »
Entretien du matériel.	48,25
Indemnité à la régie des contributions pour frais d'exercice chez les débitants.	159,53
Impressions et frais de bureau . .	427,17
Chauffage et éclairage.	388 »

Les tarifs et règlements, actuellement en vigueur, ont été votés par le Conseil municipal dans les séances des 6 et 13 novembre 1896, et la prorogation des taxes décidée jusqu'au 31 décembre 1902 inclusivement; ces votes ont été approuvés par décret du 23 novembre 1897. Une délibération du 11 juillet 1899, approuvée par décret du 30 décembre suivant, a revisé ce tarif, en ce qui concerne les métaux, et a imposé notamment l'acier.

C. — FINANCES COMMUNALES

Recettes ordinaires d'après le compte de 1899	165.415,53
— extraordinaires — — . .	33.271,45
Total.	198.686,98[1]
Recettes ordinaires d'après le compte de 1899	139.436,12[2]
— extraordinaires — — . .	116.769,97[2]
Total	256.206,09[3]

Les dépenses ordinaires se répartissent ainsi entre les principaux services :

1° Administration et police .	40.126,30
2° Voirie.	44.867,18
3° Bienfaisance.	16.942,30
4° Enseignement	31.571,48
5° Dépenses diverses . .	5.928,86

Emprunts. — Par arrêté préfectoral du 30 avril 1883, la commune a été autorisée à emprunter à l'ancienne Caisse des écoles, pour la construction d'une école maternelle à Cachan, une somme de 30.000 francs remboursable en 20 ans, de 1885 à 1904 inclus, au moyen d'un prélèvement annuel de 1.200 francs sur les ressources ordinaires.

A la fin de 1899, il avait été remboursé 9.200 francs sur le montant de cet emprunt qui s'élevait, y compris les intérêts et les frais, à 36.000 francs.

La commune a été autorisée, par un arrêté préfectoral du 25 novembre 1884, à emprunter au Crédit foncier de France, pour la construction de la mairie, une somme de 155.000 francs ; le montant de l'emprunt avec les intérêts et les frais s'élève à 236.255 fr. 06. On doit effectuer le remboursement en 20 ans, du 31 janvier 1886 au 31 janvier 1906, au moyen d'une imposition de 20 centimes et d'un prélèvement sur le produit des taxes d'octroi.

1. Ces recettes constituent les ressources normales de la commune.
2. Non compris les restes à payer devant figurer au compte administratif de l'année suivante.
3. Ce total représente les dépenses normales de la commune.

Le total des remboursements, au 31 décembre 1899, atteignait 160.444 fr. 91.

Un décret du 10 février 1890 a autorisé la commune à emprunter à la Caisse des dépôts et consignations, pour le payement de travaux neufs à la mairie, une somme de 50.000 francs, qui, avec les intérêts et les frais, s'élevait à 74,000 francs, remboursable en 20 ans (du 15 janvier 1891 au 15 janvier 1910) au moyen d'une imposition de 10 centimes.

Au 31 décembre 1899, on avait remboursé 33.467 fr. 16.

Un arrêté préfectoral du 28 janvier 1893 a autorisé la commune à emprunter au Crédit foncier de France une somme de 40.000 francs destinée à restituer à M. Duvillard une avance de 22.313 fr. 81, faite par lui, sans intérêt, pour le payement par anticipation du reliquat d'un emprunt de 40.000 francs contracté en 1888, au même établissement, et jusqu'à concurrence de 17.686 fr. 19, à solder des dépenses extraordinaires constatées au budget additionnel de 1892. Cet emprunt, avec les intérêts et les frais, s'est élevé à 49.161 fr. 80, remboursable en 10 ans, du 31 juillet 1893 au 31 janvier 1903, sur le produit d'une partie des taxes spéciales d'octroi.

Au 31 décembre 1899, il restait à rembourser une somme de 1.328 fr. 45.

Pour la contribution de la commune à l'ouverture d'une route couvrant la Bièvre et divers travaux d'assainissement de cette rivière, un arrêté préfectoral du 21 janvier 1897 a autorisé un emprunt au Crédit foncier d'une somme de 65.000 francs qui s'est élevée, avec le montant du service des intérêts et des frais, à 101.263 francs, remboursables en 25 ans (du 31 janvier 1898 au 31 juillet 1922) sur les taxes spéciales d'octroi.

Au 31 décembre 1899, il restait dû une somme de 31.414 fr. 25.

Enfin, un autre arrêté préfectoral du 23 juin 1897 a autorisé un emprunt de 30.000 francs, contracté à la Caisse des dépôts et consignations, dont le produit est destiné à payer l'acquisition d'un immeuble pour le dégagement de l'école de Cachan. Cette somme ne constitue qu'un acompte, le prix de cette acquisition s'élevant à 50.000 francs. Le montant de l'emprunt, intérêts et frais compris, atteint le chiffre de 45.750 fr. 50, remboursable en 25 ans (du 25 février 1900 au 25 août 1924) sur le produit des taxes d'octroi.

Au 31 décembre 1899, il n'avait été payé aucune annuité.

Secours.— Depuis 1890, la commune a reçu, à titre de secours, les sommes ci-dessous, pour les causes ci-après :

Année 1897. — Ouverture du chemin vicinal de grande communication n° 57. — Contingent communal . . . . 12.000 fr. »

Élargissement du chemin vicinal de Bourg-la-Reine . . . . 1.627 fr. »

Année 1898. — Construction d'une 5e classe à l'école de filles . . . . 1.250 fr. »

Année 1900. — Rescindement d'un immeuble 2.235 fr. »

Valeur du centime en 1901. — 659 fr. 78.

Nombre de centimes. — 65 cent. 2, dont 28 extraordinaires, non compris les 3 centimes pour frais de perception des impositions communales.

Charges par habitant. — 23 fr. 47.

Receveur municipal. — Les fonctions de receveur municipal sont remplies par le percepteur de Montrouge qui a reçu, en 1900, un traitement de 2.584 francs.

II. — SERVICES PUBLICS

§ I. — BIENFAISANCE

Bureau de bienfaisance. — Cet établissement distribue des secours aux indigents inscrits sur la liste d'assistance. Cette liste est revisée, tous les ans, au mois d'avril.

Dans le courant de l'année, chaque administrateur statue seul sur les admissions relatives à sa circonscription.

Pendant l'année 1900, 24 familles comprenant 28 personnes étaient inscrites à titre définitif; 71 familles composées de 189 personnes étaient inscrites à titre temporaire, enfin 36 familles comprenant 154 personnes ont été inscrites accidentellement.

Chaque indigent, à quelque catégorie qu'il appartienne, reçoit, pendant toute l'année, un bon de pain de 2 kilogrammes par semaine, qu'il peut échanger chez n'importe quel boulanger de la commune.

En hiver, c'est-à-dire du 1er novembre au 31 mars, tous les indigents reçoivent, en outre, un bon de viande par mois d'une valeur de 1 franc et deux bons de chauffage par mois valant chacun 0 fr. 75.

Les bons de pain, comme ceux de viande et de combustible, ont une valeur fixée, inscrite sur le bon et d'après laquelle se fait le règlement avec les fournisseurs.

Tous les indigents inscrits sont admis à l'assistance médicale gratuite dont le service est assuré par un médecin de la localité qui donne des consultations, soit chez lui, soit à domicile, et reçoit un traitement annuel de 300 francs.

Les médicaments sont fournis par les pharmaciens de la localité aux frais du Bureau de bienfaisance. Le règlement qui a lieu trimestriellement est fait d'après un tarif sur lequel est consenti un rabais de 5 %.

En 1900, 41 familles comprenant 145 personnes ont été à la charge du service de l'assistance médicale.

Les trois sages-femmes de la localité assurent le service des accouchements des femmes indigentes à raison de 10 francs par opération. En 1900, le nombre de ces opérations a atteint 39.

Enfin, la même année, il a été distribué 800 francs en secours de loyer, spécialement en janvier et avril, au moyen de bons de 5 et 10 francs.

Voici le compte du Bureau de bienfaisance pour 1899 :

RECETTES

Rentes sur l'État	2.125 »
— sur particuliers	600 »
Legs Godard-Desmarest	17 »
Intérêts de fonds placés au Trésor	13,66
Produit des concessions de terrain dans le cimetière (part du Bureau de bienfaisance)	2.091,72
Produit du droit des pauvres sur les bals, spectacles, concerts, fêtes	138 »
Subvention de la commune pour 10 pensions de secours à domicile	3.650 »
Dons, souscriptions quêtes à domicile ou autres	1.211,80
Levée des troncs de mairie et autres	143,15
Excédent de recettes de l'exercice précédent	449,93
Secours de loyer (emploi de la subvention communale)	750 »
Subvention sollicitée de la commune pour insuffisance des ressources	500 »
Reversement par la commune des arrérages non employés du don Gauché	58,50
Subvention départementale pour la fête nationale	153 »
Subvention extraordinaire de la commune pour distribution de secours en bons de pain	14,20
Total	11.915,96

DÉPENSES

Traitement du médecin et chirurgien.	300 »
— du receveur-trésorier	260 »
— des sages-femmes ou frais d'accouchements	310 »
Frais de bureau et timbres de la comptabilité.	57,60
Distribution aux indigents : achat de viande . . .	520 »
— — de pain. . .	2,872,07
— — de combustible	793,50
Achat de médicaments et de bandages	2,126,49
Secours en argent	5 »
Pensions de secours à domicile	3.650 »
Achats de médicaments en 1898	533,84
Secours de loyer	750 »
Emploi de la subvention pour la fête nationale . .	153 »
Total.	12.332,50

Soit un excédent de dépenses de 416 fr. 54.

Les rentes du Bureau de bienfaisance, dont les arrérages se sont élevés en 1869 à la somme de 2.125 francs, proviennent, tant de l'emploi des excédents de recettes de cet établissement que de celui des diverses libéralités qui lui ont été faites et dont nous allons donner l'énumération.

M. Pierre-Louis Regnault, ancien conseiller municipal de la commune, a légué, par son testament olographe en date du 15 décembre 1845, 100 francs de rente 5 °/₀.

M. André-Nicolas Vattier a, par son testament olographe en date du 16 juillet 1852, « fait donation au Bureau de bienfaisance de la commune d'Arcueil, département de la Seine, d'une rente de 600 francs par an pour être distribuée aux pauvres de la commune qui seront désignés par ledit Bureau de bienfaisance conjointement avec M. le curé de la paroisse d'Arcueil.

« Les débiteurs auront la faculté, si bon leur semble, de s'acquitter avec une inscription au grand-livre d'une rente de 600 francs. »

Le testament porte en outre, « que dans le cas où le communisme ou le socialisme viendrait à être établi, soit avant, soit après son ouverture, ce testament serait nul et de nul effet ».

L'acceptation de cette libéralité a été autorisée par décret du

13 avril 1857. Le service de la rente est fait depuis cette date par M. le baron Pellenc, seul héritier du testateur.

M. Charles-Louis-Félix Dinet a légué, par son testament olographe en date du 30 décembre 1855, aux pauvres de la commune, une somme de 10.000 francs en priant les administrateurs du Bureau de bienfaisance d'en faire emploi en rente 4 1/2 % sur l'État. Ce legs a été accepté par acte du 28 juillet 1856.

Par son testament olographe en date du 6 décembre 1858, M. Colmet, ancien maire d'Arcueil, a légué, au Bureau de bienfaisance de cette commune, une somme de 3.000 francs sans indication d'emploi. L'autorisation d'accepter cette libéralité a été donnée par arrêté du 9 décembre 1861 qui prescrit de l'employer à acquérir un titre de rente sur l'État.

Mme Adélaïde-Louise Regnault, veuve de Louis-Laurent Garriau, a légué une somme de 500 francs aux pauvres de la commune par son testament en date du 11 janvier 1878.

Un arrêté du 7 août 1881 a autorisé le Bureau de bienfaisance à accepter ce legs et a prescrit l'emploi de cette somme en acquisition de rente 3 %.

Jules-Jean-Louis Montariol a légué aussi, au même établissement, une somme de 500 francs. Le testament est du 24 septembre 1888, l'arrêté autorisant l'acceptation, du 31 décembre 1892.

Cette libéralité a été faite à condition que le montant serait distribué à dix ouvriers pères de famille.

Dans les recettes du Bureau du bienfaisance, on a vu qu'il est question d'un don Gauché, dont l'excédent des arrérages a été versé à cet établissement. Cette donation, dont le montant s'élève à 3.400 francs, a été faite à la commune par Mme Julie-Aglaé Clion, veuve d'Eug. Gauché, par acte du 17 juin 1898. La donatrice a stipulé que cette libéralité porterait le nom de « don Frédéric Clion », qu'elle serait employée en rentes françaises dont les arrérages seraient destinés à faire face aux dépenses d'entretien du tombeau de la famille Clion-Gauché qui se trouve dans l'ancien cimetière. Ce capital produit un revenu annuel de 98 francs dont la plus grande partie est employée selon le vœu de la donatrice; le surplus est, comme on vient de le voir, versé au Bureau de bienfaisance. L'arrêté autorisant l'acceptation est du 24 décembre 1898.

Les revenus de l'établissement ne dépassant pas 30.000 francs, les fonctions de trésorier sont remplies par le percepteur faisant fonctions de receveur municipal.

Traitement des malades dans les hôpitaux de Paris. — Les malades de la commune sont envoyés en traitement dans les hôpitaux de Paris. Jusque-là, ils y étaient admis et traités aux conditions fixées par délibérations des Conseils général et municipal de Paris, datant de 1890.

D'après ces actes, les dépenses occasionnées par le traitement de ces malades, évaluées à 3 fr. 05 par jour, défalcation faite des droits d'octroi, étaient supportées partie par la commune intéressée, partie par le département et partie par l'Administration générale de l'Assistance publique.

La contribution de la commune était calculée à raison de 1 franc par jour et par malade et basée, au choix de la commune, soit sur le nombre moyen de journées de traitement des trois dernières années, soit sur le nombre réel des journées de traitement de l'année. Celle du département était calculée aussi à raison de 1 franc par jour, mais elle était acquittée sous forme de subvention forfaitaire dont le chiffre avait été fixée à 225.000 francs par an; le surplus de la dépense était supporté par l'Assistance publique.

On a été amené à modifier ces conditions sous l'influence de l'élévation de la moyenne des prix de journée qui passait de 3 fr.05 à 3 fr. 34 et de l'augmentation du nombre de journées dont la subvention du département fixée une fois pour toutes ne suivait pas les variations. Or, voici le système qui vient d'être admis par le Conseil général (délibération du 28 novembre 1900) et qui, s'il est adopté par les communes, sera en vigueur pendant une période de 5 ans à compter du 1er juillet 1900. Le prix de journée fixé à 3 fr. 34 est supporté jusqu'à concurrence de 1 fr. 10 par les communes, d'une égale somme par le département et de 1 fr. 14 par l'Administration générale de l'Assistance publique. Les communes conservent le droit, comme précédemment, de contracter des abonnements dans les mêmes conditions ou de payer leur quote-part suivant le nombre exact des journées de traitement des malades ayant leur domicile de secours sur leur territoire. Quant au département, il versera non plus une subvention fixée à forfait, mais une somme représentant exactement 1 fr. 10 par journée de traitement.

Le Conseil municipal d'Arcueil-Cachan a accepté cette organisation par délibération du 12 octobre dernier.

En 1899, il a été payé, pour ce service, une somme de 3.417 francs.

C'est l'hôpital Cochin qui est plus spécialement désigné pour recevoir les malades de la commune.

Le transport s'effectue au moyen des voitures d'ambulances urbaines pour lesquelles on s'adresse rue de Staël. La commune paye une somme de 10 francs par voyage. En 1899, la dépense s'est élevée à 80 francs.

Assistance à domicile. — En vertu des délibérations des 18 décembre 1895 et 26 avril 1896, le Conseil général inscrit annuellement, au budget départemental, une somme de 50.000 francs dans le but de contribuer aux dépenses faites par les communes pour l'assistance à domicile des vieillards indigents, infirmes ou incurables.

Le montant de la contribution départementale est déterminé par l'Administration et doit correspondre au tiers de l'allocation municipale qui, d'ailleurs, est facultative.

Les vieillards ainsi secourus doivent remplir les conditions suivantes : avoir 65 ans et un séjour de 10 ans à Paris ou dans le département de la Seine.

Aucune condition d'âge n'est exigée des indigents infirmes et incurables.

En 1899, 10 infirmes ont été secourus dans ces conditions et ont reçu une somme totale de 3.650 francs sur lesquels il a été remboursé par le département 1.216 fr. 65.

La commune a droit à deux lits à l'hospice Saint-Joseph (voir p. 122). Ils sont occupés par des vieillards désignés par la municipalité et qui doivent avoir au moins 20 ans de domicile dans la localité.

Depuis 1900, un vieillard de la commune a été placé à l'hospice départemental Favier, à Bry-sur-Marne.

Aliénés. — 26 malades ayant leur domicile de secours à Arcueil-Cachan ont été soignés, au cours de l'année 1900, dans divers asiles des départements.

Ils ont occasionné une dépense totale de 14.753 fr. 35.

La commune, contribuant dans la dépense pour 40 °/₀, a dû payer 5.901 fr. 34, le surplus, soit 8.853 fr. 01, restant à la charge du département.

La part pour laquelle chaque commune contribue à ces dépenses est fixée par délibération du Conseil général et varie suivant le revenu de la commune.

Enfants assistés, maltraités et moralement abandonnés. — L'article 25 de la loi du 24 juillet 1889 sur la protection des enfants maltraités ou moralement abandonnés dispose que, dans les départemetns où le Conseil général se sera engagé à assimiler, pour la dépense, les enfants faisant l'objet des deux titres de ladite loi, aux enfants assistés, la subvention de l'État sera portée au cinquième des dépenses tant extérieures qu'intérieures des deux services et le contingent des communes constituera pour celles-ci une dépense obligatoire, conformément à l'article 136 de la loi du 5 avril 1884.

Suivant délibération du 16 décembre 1889, le Conseil général de la Seine, dans le but de bénéficier des dispositions de l'article précité, ayant assimilé pour la dépense à partir du 1er janvier 1890, les enfants maltraités ou moralement abandonnés aux enfants assistés, il en résulte que les communes n'ont à supporter qu'un seul contingent pour ces deux services.

La somme payée de ce chef, en 1899, par la commune d'Arcueil-Cachan, a été de 1.831 fr. 28.

Protection des enfants du 1er âge. — En 1899, les déclarations faites par les parents, conformément à l'article 7 de la loi du 23 décembre 1874, se résument ainsi qu'il suit :

	AU SEIN	AU BIBERON	TOTAL
Nombre d'enfants d'Arcueil-Cachan mis en nourrice dans le département de la Seine (hors Paris)	24	4	28
Nombre d'enfants mis en nourrice hors du département de la Seine	60	5	65
	84	9	93

D'autre part, il a été fait, en exécution de l'article 9 de la même loi, 30 déclarations d'élevage, dont 29 relatives à des enfants nés dans le département de la Seine et 1 hors du département.

Au point de vue de la protection des nourrissons, Paris et les communes du département forment 18 circonscriptions à chacune desquelles sont attachés un médecin inspecteur et une dame visiteuse.

Arcueil-Cachan dépend de la 17e circonscription dont le

médecin inspecteur visite les nourrices tous les jours à Bourg-la-Reine de midi et demi à 1 heure et demie.

Asile laïque du premier âge. — C'est à la demande des fondateurs, Mme Émile Raspail et M. Émile Raspail, ancien maire d'Arcueil, qui en firent la condition de la donation faite par eux dans ce but, que l'établissement communal où sont reçus et soignés les enfants du « premier âge » est désigné sous ce titre. Dans leur pensée, cette appellation tendait à distinguer cet asile des établissements charitables confessionnels que, selon eux, rappelle le terme *crèche* sous lequel sont généralement connus et couramment désignés ces sortes d'établissements.

On a vu que l'asile laïque du premier âge est installé dans la rue qui porte le nom des fondateurs, près de l'école maternelle. C'est en exécution de délibérations du Conseil municipal des 1er septembre 1883 et 31 mars 1885 que fut ouvert cet asile.

On va reproduire, à raison du caractère un peu spécial que présente l'établissement, les dispositions principales des statuts et du règlement.

Il est destiné à recevoir pendant la journée les enfants âgés de plus de quinze jours et de moins de trois ans dont la mère travaille hors de son domicile et de leur donner les soins hygiéniques qu'exige le premier âge. Il est placé sous la surveillance de la municipalité, assistée d'un Comité de dames patronnesses chargées de le visiter, surveiller son fonctionnement, s'occuper de l'approvisionnement et du vestiaire, s'assurer du zèle des personnes chargées du service, de la bonne tenue des locaux et des objets qui y sont employés, en un mot de tout ce qui peut contribuer au bien-être et à l'hygiène des enfants.

Ceux-ci ne sont admis qu'après avoir été visités, ainsi que la mère, par le médecin de l'établissement et après engagement pris par les parents de les laisser vacciner, s'ils ne le sont déjà. La mère est tenue d'indiquer l'endroit où elle travaille pour qu'on puisse la trouver à toute heure en cas de besoin. Tout enfant qui paraît présenter, au point de vue sanitaire, le moindre danger ou le moindre inconvénient, est rendu immédiatement à ses parents.

Aucune rétribution n'est demandée aux familles.

L'asile laïque du premier âge est ouvert tous les jours, excepté les dimanches et jours fériés, de 6 heures et demie du matin à 7 heures du soir.

Aucun enfant ne passe la nuit à l'asile laïque.

Les enfants doivent être amenés dans le meilleur état de propreté.

L'allaitement maternel est obligatoire, sauf impossibilité reconnue par le médecin chargé du service.

Cet allaitement doit être fait autant que possible à des heures régulières, variant avec l'âge des enfants, et indiquées à la mère par la directrice ; à moins de décision contraire, il ne peut cesser avant l'âge de 12 mois.

Chaque enfant admis est inscrit sur un registre où sont relatés le jour de son entrée, la date de sa naissance, la profession et la demeure des parents, l'endroit où travaille la mère, ainsi que le motif de sa sortie.

La plus grande propreté doit régner sur les enfants. Il est interdit de faire sécher aucun linge dans les salles réservées aux enfants et aux mères.

Tout enfant est déshabillé, lavé, peigné et changé par sa mère aussitôt son arrivée et il revêt alors les effets de l'asile. A son départ, la mère le revêt des effets lui appartenant et restitue ceux de l'établissement.

Les objets nécessaires à la toilette des enfants sont absolument personnels.

On ne berce pas les enfants. On les promène le plus longtemps possible.

On ne laisse à leur portée aucun jouet peint, rien de nuisible, ni d'assez petit pour qu'ils puissent le mettre en entier dans la bouche.

On ne leur donne ni bonbon, ni gâteau, etc.

Les repas ont lieu à des heures régulières.

Ils se composent en général de lait, riz, panades, purées, bouillies.

Chaque enfant a sa tetine ou sa cuiller et son mouchoir.

Tout le lait consommé est stérilisé dans des appareils spéciaux.

Il est remis à la mère de chaque enfant âgé de moins d'un an la quantité de lait stérilisé nécessaire à son alimentation pendant la journée.

Ce lait est soumis aux analyses que prescrit la municipalité.

Le nettoyage des locaux doit toujours être terminé avant l'ouverture de l'asile.

Le soir, après le départ, on ouvre les portes et croisées, et on expose à l'air tous les objets qui composent les lits et berceaux.

La température, en hiver, ne doit varier que de 13 à 15 degrés.

Le thermomètre doit baisser un peu le soir, avant que les mères ne viennent reprendre les enfants, afin d'éviter les changements trop brusques de température.

Une salle spéciale est réservée aux mères nourrices. Sous aucun prétexte, elles ne doivent entrer dans le local réservé aux enfants. Il leur est recommandé de ne faire aucun bruit. Les conversations à haute voix sont interdites.

En cas d'accident ou de maladie subite, on prévient immédiatement le médecin de l'asile et les parents de l'enfant.

Tout enfant malade est immédiatement isolé et soustrait à la vue des autres enfants.

Il est interdit aux personnes employées à l'asile laïque de rien recevoir des mères, sous quelque forme que ce soit.

Les directrice et berceuses doivent tout leur temps aux enfants.

Les personnes munies d'une autorisation de la municipalité peuvent visiter l'asile laïque du premier âge.

Pendant l'année 1899, 24 enfants ont fréquenté l'asile, parmi lesquels 7 sont décédés. Le nombre des journées de présence s'est élevé à 3.200.

Les dépenses ont atteint le chiffre de 600 fr. 30, dont 200 fr. 30 fournis par le budget communal et 400 francs par une subvention du département.

Cet établissement a été réorganisé au cours de l'année dernière. Depuis, tous les enfants sont nourris.

Hospice F.-V. Raspail. — Par son testament en date du 15 décembre 1893, Benjamin-François Raspail, artiste peintre, décédé le 24 septembre 1899, a laissé toute sa fortune au département de la Seine. L'héritage est évalué à un million. Il comprend, outre des valeurs mobilières, une galerie de tableaux que forma le défunt au temps où il partageait l'exil de son père en Belgique.

« Tout ce qui restera des biens de ma succession, après prélèvement des legs particuliers et des frais », porte le testament, « reviendra au département de la Seine, pour être consacré à l'établissement, dans ma propriété de Cachan, de l'hospice F.-V. Raspail et du musée F.-V. Raspail, conformément aux prescriptions contenues dans mes dispositions antérieures. »

Par les dispositions qui sont ici rappelées, M. Benjamin Raspail léguait une somme de 200.000 francs pour le musée Raspail qui doit renfermer toutes les œuvres de son père et tous les objets qui ont pu lui appartenir : « On y mettra aussi toutes les correspondances adressées à F.-V. Raspail, les autographes de toutes provenances, les volumes contenant la collection des souvenirs de la mort et des funérailles de mon père, tous les papiers pouvant servir à sa biographie, tous les portraits de mon père, de ma chère et vénérée mère et de leurs enfants étant en ma possession.....»

Le Conseil général a accepté ce legs par délibération du 11 juillet 1900 ; le décret est du 4 janvier 1901.

Il n'existe pas de *fourneau économique*, ni de *dispensaire municipal ;* un *dispensaire privé* a jusqu'ici suffi à tous les besoins.

Secours aux familles des réservistes.— Aux familles des soldats de la réserve et de la territoriale qui accomplissent une période d'exercices, on alloue une somme de 0 fr. 50 par jour pour la femme et 0 fr. 25 par enfant ou ascendant, pendant toute la durée de la période.

En 1899, 40 familles environ ont été secourues dans ces conditions ; la dépense s'est élevée à 1.177 fr. 75.

Propagation de la vaccine.— La vaccination et la revaccination des enfants des écoles est pratiquée dans les conditions prescrites par une circulaire préfectorale du 14 février 1894. Ces opérations ont lieu aux frais du département par les soins de l'Institut de vaccine animale, rue Ballu, n° 8, à Paris.

La vaccination des enfants nouveau-nés est opérée par les soins du médecin de l'état civil.

Deux médecins et une sage-femme de la commune accusent, pour 1899, 39 vaccinations et 3 revaccinations.

La commune a reçu du département, pour ce service, la même année, une somme de 40 francs.

Il n'existe pas de *bureau municipal de placement gratuit.*

Caisse des écoles.— C'est par délibération du 12 août 1875 qu'une *Caisse des écoles* a été fondée à Arcueil.

Les fondateurs se proposaient de faciliter la fréquentation des écoles et des salles communales :

1° En fournissant à tous les élèves les livres et objets de classe et, au besoin, des chaussures et vêtements aux enfants nécessiteux ;

2° En récompensant l'assiduité de tous les élèves indistinctement, soit par des livrets de Caisse d'épargne, soit par tout autre moyen que le Conseil d'administration de la Caisse croirait devoir adopter.

D'après les statuts adoptés en assemblée générale les 4 et 9 novembre 1892 la Société se compose de toutes les personnes qui contribuent, au moyen de cotisations annuelles ou de dons, à sa prospérité.

Le chiffre de chaque cotisation est indéterminé, sans toutefois pouvoir être inférieur à 6 francs par an ; cette cotisation est payable en une ou plusieurs fois.

Les personnes qui préfèrent adhérer à la Caisse des écoles en versant leur souscription en une seule fois et sans vouloir s'astreindre au payement d'une cotisation annuelle, restent sociétaires autant d'années que leur don contiend de fois 6 francs.

Si la somme une fois donnée est égale ou supérieure à 100 francs, le donateur est inscrit comme membre fondateur.

La Société est administrée par un Conseil d'administration composé :

Du maire de la commune, président de droit ;

Des deux adjoints ;

De cinq membres du Conseil municipal désignés par le Conseil ;

D'un délégué communal et d'un délégué cantonal pour l'instruction primaire, domiciliés dans la commune et nommés par le Conseil municipal ;

Et de neuf membres pris parmi les souscripteurs, élus par l'assemblée générale annuelle.

Les revenus de la Caisse des écoles se composent :

1° Des cotisations ;

2° Des subventions qui sont allouées par le Conseil municipal ;

3° Des secours alloués par le Conseil général et le Ministre de l'instruction publique ;

4° Des dons et des legs faits en faveur de la Caisse ;

5° Du produit des quêtes ou des fêtes et cérémonies qui sont organisées au profit de la Caisse ; ces fonds sont versés au receveur municipal, chargé par la loi du 10 avril 1867 de faire gratuitement le service de la Caisse des écoles.

Celle-ci peut recevoir des dons en nature, tels que : livres, papiers, plumes, vêtements et objets alimentaires destinés aux élèves les plus pauvres.

Voici sa situation financière à la fin de 1899 :

RECETTES

Don Gauché	10.000 »
Don pour acquisition de livrets de Caisse d'épargne	35 »
Excédent de recettes de 1898	603,10
Produit d'une tombola organisée en 1898	493,25
Quête à un concert organisé par la Société de tempérance	47,70
Rentes	15 »
Dons divers	57,50
Cotisations et souscriptions de 1898	719,50
— — de 1899	869,50
Subvention communale pour 1899	1.500 »
— départementale pour 1898	600 »
Remboursement par la Caisse des écoles de Bagneux des fournitures délivrées aux enfants de cette commune qui ont fréquenté les écoles d'Arcueil en 1897-1898	45 »
Intérêts de fonds placés au Trésor	91,25
Produits de concerts organisés aux fêtes d'Arcueil et de Cachan	204,40
Arrérages du don Gauché	146 »
Produit de la levée des troncs placés salle du gymnase, le jour de la distribution des prix	55,85
Produit d'une fête organisée par le groupe d'études sociales	100 »
Don de la Société vélocipédique dissoute	26 »
Produit d'une quête au concert de l'Union chorale	19,40
Don pour l'acquisition d'un livret de Caisse d'épargne à donner comme prix de mathématiques	25 »
Produit d'une quête au bal de la Sainte-Barbe	12,35
Total	15.665,80

DÉPENSES

Emploi du don Gauché (achat de rentes)	9.969,98
Remise pour placement des billets de tombola et pour le recouvrement des cotisations de 1898 et 1899	89,59
A reporter	10.059,57

Report		10.059,57
Fournitures scolaires :		
Garçons	1.613,45	2.649,60
Filles	1.036,15	
Acquisition de livrets de Caisse d'épargne		284 »
Total		12.993,17

Soit un excédent de recettes de 2.672 fr. 63.

A la fin de 1899, la Caisse des écoles comprenait 5 membres perpétuels ayant versé une somme de 100 francs une fois donnée, et 88 souscripteurs à 6 francs par an.

On verra, sous la rubrique « Dons et legs aux écoles », les conditions auxquelles a été fait le *don Gauché*.

Sociétés de secours mutuels.— Une Société de secours mutuels, fondée à Arcueil en 1862 (20 août), disparut lors de la guerre de 1870.

Elle a été reconstituée en 1880, en tant que société libre, sous le titre de « la Prévoyante d'Arcueil-Cachan ». Ses statuts, revisés le 12 juillet 1893, ont été approuvés par arrêté préfectoral du 19 novembre suivant.

On y spécifie que la Société est formée entre patrons et ouvriers de toute profession habitant la commune.

La Société assure à ses membres, en cas de maladie : les soins du médecin, les médicaments, une indemnité fixée à 1 fr. 50 par jour à partir du quatrième jour de maladie ; au delà de 60 jours, les secours ne sont continués qu'après décision du Conseil d'administration, même s'il survient une rechute ou une nouvelle maladie avant un délai d'un mois. En cas de décès, la Société consacre aux frais funéraires de ses membres participants une somme de 40 francs.

On ne peut être admis que si l'on est Français, âgé de 15 ans au moins et 45 ans au plus et si l'on jouit de ses droits civils et civiques. On doit acquitter un droit d'admission qui varie, selon l'âge des adhérents, de 5 francs à 15 ans, à 30 francs à 45 ans. La cotisation mensuelle est fixée à 1 fr. 50.

La Société comprend aussi des membres honoraires qui payent une cotisation minimum de 12 francs et sont admis à faire partie du Conseil d'administration.

Voici le mouvement du personnel pendant l'année 1899 et la situation financière de cette Société au 1er janvier 1900 :

Nombre de membres honoraires au 1er janvier 1899	23
Membres participants	113
Entrés pendant l'année (participants)	4
Sortis ou décédés pendant l'année :	
Participants	4
Soit au 31 décembre 1899 :	
Honoraires	23
Participants	113
Malades secourus pécuniairement	48
Nombre de journées de maladie payées en argent.	634
Nombre de membres décédés pendant l'année et dont les frais funéraires ont été payés par la Société	2
Membres participants décédés	2

RECETTES

Capitaux placés ou en caisse formant l'avoir disponible de la Société au 1er janvier 1899 : 6.628,76	
Cotisations des membres honoraires	276 »
— participants	1.810,50
Amendes	65,25
Droits d'entrée	90,60
Recettes et encaissements divers	101,70
Dons	35 »
Total	2.379,05

DÉPENSES

Frais de gestion	59 »
Honoraires du médecin	620 »
Frais pharmaceutiques	472 »
Secours en argent aux malades	951 »
Frais funéraires	125 »
Dépenses et payements divers	10 »
Total	2.237 »

soit un excédent de 142 fr. 05.

Les fonds en caisse s'élèvent à 6.770 fr. 81.

Une autre Société libre, dite *les Robustes*, a déposé ses statuts le 29 juin 1892. Elle est formée exclusivement des ouvriers de l'usine Fresne et Cie à Arcueil. Cette Société ne distribue que des secours en argent; elle ne paye ni frais de médicaments, ni frais de médecin. Les secours sont donnés aux ouvriers malades qui ont payé leur cotisation. A partir de la 2e journée de maladie, pendant le 1er mois, le montant des secours est de 3 francs par jour, de 2 francs pendant le 2e et de 1 franc pendant le 3e; au delà de ce temps, le secours n'est pas continué. Elle accorde cependant un secours de convalescence pendant 5 jours.

En cas de décès, une somme de 50 francs est allouée à la veuve; une couronne est offerte et une délégation désignée pour assister aux funérailles.

La Société comprend des membres honoraires et des membres participants. Ces derniers payent un droit d'entrée qui est fixé à 2 francs ou à 5 francs : le premier ne donnant droit aux secours qu'après une période de deux mois, le second conférant un droit immédiat. La cotisation est de 2 francs par mois.

Au 1er janvier 1900, le nombre des membres honoraires était de 130 et celui des membres actifs de 40. Au 31 décembre suivant, les premiers n'étaient plus que 97 et les seconds 43.

Dans le courant de la même année, 34 malades ont reçu pour 741 journées de maladie 2.221 francs, ce qui, avec les frais, a porté le total des dépenses à 2.270 fr. 40.

Celui des recettes s'est élevé à 2.592 fr. 20, se décomposant comme suit :

Cotisations des membres honoraires	1.400 »
— — actifs	1.032 »
Concerts, amendes	160,20

L'excédent s'est donc élevé à	321,80
ce qui, avec les fonds en caisse	539,70
donne un avoir total de	861,50

§ II. — ENSEIGNEMENT

École de garçons. — Cette école, située à Arcueil, rue des Écoles, comprend 7 classes primaires élémentaires. Pendant l'année 1899-1900, elle a été fréquentée par 402 enfants, dont 397 âgés de 6 à 13 ans au 1er janvier de l'année scolaire et 5 de plus de 13 ans.

Le nombre des élèves présents le 2 décembre 1899 était de 345 et de 348 le 2 juin 1900.

Dans le courant de l'année, aucun enfant n'a fréquenté une autre école.

Elle est dirigée par un directeur, 3 instituteurs titulaires et 4 stagiaires.

École de filles.— Située comme la précédente, rue des Écoles, elle comprend 5 classes primaires élémentaires.

Elle a été fréquentée, pendant l'année scolaire 1899-1900, par 268 enfants, dont 264 âgées de 6 à 13 ans au 1er janvier de de cette année, et 4 de plus de 13 ans.

Le nombre des élèves présentes à l'école le 2 décembre 1899 était de 208, et de 192 le 2 juin 1900.

3 filles ont fréquenté une autre école dans le courant de l'année.

A la tête de l'école est une directrice, 2 institutrices titulaires et 2 stagiaires.

Écoles maternelles. — Il existe 3 écoles maternelles publiques et laïques.

L'une à Arcueil, dite du Centre, rue François-Émile-Raspail, comprend 3 classes. Dans le cours de l'année scolaire de 1899-1900, elle a été fréquentée par 214 enfants, dont 83 garçons et 113 filles de moins de 6 ans, et 9 garçons et 9 filles de 6 à 13 ans au 1er janvier de l'année scolaire.

Le 2 décembre 1899, 120 enfants étaient présents à l'école et 140 le 2 juin 1900.

Elle est tenue par une directrice, une adjointe titulaire et une adjointe stagiaire.

L'autre, à Cachan, rue Camille-Desmoulins, comprend 2 classes. Dans le cours de l'année scolaire 1899-1900, elle a été fréquentée par 123 enfants, dont 29 garçons et 30 filles de moins de 6 ans au 1er janvier de l'année scolaire, 36 garçons et 28 filles de plus de 6 ans.

40 élèves étaient présents le 2 décembre 1899 et 81 le 2 juin 1900.

Elle est tenue par une directrice et une adjointe titulaire.

La 3e, située à Laplace, avenue Laplace, comprend une classe primaire élémentaire qui a été fréquentée, au cours de l'année scolaire 1899-1900, par 60 enfants, dont 21 garçons et 16 filles de moins de 6 ans et 8 garçons et 12 filles de plus de 6 ans au 1er janvier de l'année scolaire.

46 enfants étaient présents le 2 décembre 1899 et 62 le 2 juin 1900.

Elle est tenue par une institutrice directrice.

Enseignement du chant, du dessin et de la gymnastique.— L'enseignement du chant et du dessin est donné par des professeurs spéciaux, concurremment avec les autres matières.

Une somme de 50 francs figure au budget comme indemnité de déplacement à ces deux professeurs.

A l'école de garçons, les instituteurs enseignent, en outre, la gymnastique pour laquelle le département a alloué, en 1899, une subvention de 30 francs ; à l'école de filles, l'une des institutrices, à laquelle on alloue un supplément de traitement de 150 francs, fait des cours de couture.

Admission dans les écoles primaires supérieures et professionnelles de la Ville de Paris. — En 1900, 5 élèves des écoles d'Arcueil-Cachan ont été admis dans les écoles primaires supérieures et professionnelles de la Ville de Paris. Ils sont entrés à l'école Lavoisier et à l'école Sophie-Germain.

Il n'a été organisé, dans la commune, ni *cours d'adultes*, ni *patronage laïque*, ni *excursion scolaire*, ni *cantine scolaire.*

Une *mutualité scolaire* est en voie de formation dans le canton.

On sait que ces Sociétés ont pour but, moyennant une cotisation hebdomadaire de dix centimes :

De venir en aide aux sociétaires malades en leur payant une indemnité pendant le temps de la maladie, indemnité qui est de 50 centimes par jour pendant le premier mois et 25 centimes pendant les deux mois suivants ;

De constituer en faveur des sociétaires un capital de retraite inaliénable, formé au moyen de prélèvements effectués sur les excédents de recettes de la Société, augmenté des subventions accordées par l'État et des intérêts capitalisés, et destiné à servir des pensions aux sociétaires âgés, après 40 années de sociétariat ;

D'établir au profit de chacun des enfants les premiers éléments d'un livret personnel de retraite (à capital réservé) ;

Enfin, de leur assurer l'appui moral et fraternel des anciens élèves et de les seconder dans leur placement professionnel.

Ces Sociétés ont, en outre, pour but de faciliter aux membres participants qui changent de résidence leur admission dans toutes autres Sociétés approuvées de secours mutuels, et d'assurer aide et protection aux orphelins.

Elles comprennent aussi des membres honoraires, dont la cotisation annuelle est laissée à leur générosité, des membres honoraires perpétuels qui versent, en une seule fois, une somme de 50 francs et des membres fondateurs qui versent 100 francs en une fois.

Dons et legs faits aux écoles. — On a vu, dans la situation financière de la Caisse des écoles, que celle-ci a reçu une somme de 10.000 francs, dont elle doit employer les arrérages à la distribution de livrets de Caisse d'épargne aux enfants les plus méritants des écoles.

Cette somme a été donnée, par acte du 10 juin 1898, par Mme Julie-Aglaé Clion, veuve d'Eugène Gauché.

L'autorisation d'accepter a été donnée par arrêté préfectoral du 11 mars 1899. Les arrérages sont employés, dans le budget de la Caisse des écoles, selon le vœu de la donatrice. Ils sont répartis entre l'école des garçons et celle des filles ; la première a reçu, en 1900, dix-huit livrets, la seconde, dix, dont le montant varie de 5 francs à 20 francs.

La donatrice a prescrit, en outre, que cette libéralité devra porter le nom de *don Frédéric Clion*, en mémoire de M. Frédéric Clion, son frère.

Bibliothèques scolaires. — Chaque école possède une bibliothèque scolaire : celle des garçons, composée de 476 volumes, celle des filles, de 242 volumes. A l'école des garçons, il y a, en outre, une bibliothèque pédagogique qui ne contient pas moins de 800 volumes.

Classes de vacances. — Des classes de vacances ont lieu, dans chaque école, pendant un mois par an. Elles sont fréquentées par 120 à 130 enfants, soit à l'école des garçons, soit à celle des filles.

Une somme de 300 francs figure au budget dans ce but.

Il convient de remarquer que les écoles maternelles restent ouvertes pendant toute la période des vacances.

Classes de garde. — Des classes de garde ont lieu tous les jours, sauf les jeudis et dimanches, dans les deux écoles, de 4 à 6 heures du soir.

Ces classes, au nombre de deux à l'école de garçons et d'une à l'école de filles, sont fréquentées par 120 enfants dans la première de ces écoles et 70 dans la seconde.

Une somme de 2.020 francs a été dépensée pour ce service, en 1899.

Cours d'adultes.— Jusqu'en 1898, l'Association philotechnique a eu, à Arcueil, une section qui organisait, chaque année, des cours d'adultes.

Muséum scolaire.— Il existe, dans la commune, un muséum scolaire dont la fondation et l'organisation sont dues à M. Émile Raspail. Nous avons dit qu'il occupait deux salles du groupe scolaire de Laplace.

Ce muséum fut constitué, en 1878, pour une grande partie, avec des dons faits, sur la demande du maire, par divers exposants et par le Ministère de l'instruction publique, mais surtout par ceux que fit, lui-même, le fondateur. Les dépenses d'appropriation des locaux furent couvertes, pour moitié par la commune, et pour moitié par une subvention du Conseil général.

Enfin, le 2 août 1879, le Conseil municipal décida la création d'un emploi de conservateur de ce muséum au traitement annuel de 150 francs par an.

On visite le muséum les jeudis et dimanches. Parmi les objets qu'il contient, nous citerons : les statues de Monge et de d'Alembert, des bustes de Voltaire, de Jean-Jacques Rousseau et de F.-V. Raspail.

On y voit des fragments de l'ancien Hôtel de Ville de Paris, de l'aqueduc gallo-romain et de la cathédrale de Paris, ces derniers provenant de la restauration du monument exécutée de 1860 à 1870. Parmi les collections, nous citerons : celles du bois, les spécimens de travail du verre, parmi lesquels un canon de 2 mètres de hauteur, des céréales, des insectes, des matières colorantes, etc. ; des ferrures anciennes de meubles et bâtiments, des modèles réduits de fours et accessoires pour la fabrication des bouteilles, de moulins à une paire de meules, de machines à carder, de cabestan vertical, etc. ; des métaux, des coquillages, du caoutchouc, des échantillons de charbon, des dentelles, des broderies, de l'horlogerie, de la serrurerie et ferronnerie et des collections géologiques diverses.

Il convient de donner une mention spéciale à un plan d'Arcueil sur lequel on lit l'inscription suivante :

« Veüe de l'aqueduc d'Arcüeil du côté du midy. »

« Veüe de l'aqueduc du côté du village d'Arcüeil ou du septentrion. »

« Arcüeil est une Paroisse au midy de Paris à moitié chemin de Rungis qui est une autre Paroisse éloignée de cette capitale du Royaume de deux lieues ou environ. La quantité et la bonté des eaux qui se trouvèrent dans ce dernier village donnèrent à Julien l'Apostat l'idée de les faires *(sic)* conduirent *(sic)* à Paris dans son Palais qui est aujourd'huy l'hostel de Clugny ce qu'il exécuta par le moyen d'une *(sic)* aqueduc, qu'il fit construire au bas du Village d'Arcüeil près des Ruines duquel aqueduc Marie de Médicis, Mère de Louis XIII en a fait construire une autre de Pierre de Taille pour porter l'Eau dans son Palais de Luxembourg et dans quelques autres Places et fontaines Publiques de Paris. »

Une légende indique la longueur totale de l'aqueduc (200 toises), sa hauteur (12 toises), et diverses autres dimensions.

Il a été gravé par Guérard ; il porte, en outre, « à Paris, chez le Saint de Fer dans l'Isle du Palais à la sphère royale avec privilège du Roi, 1703 ».

§ III. — VOIRIE

La longueur des voies de communication qui sillonnent le territoire de la commune est de :

Route nationale	2.650 »
Routes départementales	5.082,50
Chemins de grande communication	7.730 »
Chemins vicinaux ordinaires	4.300 »
Chemins ruraux	6.873 »
Voirie urbaine	6.545 »
Total	33.180,50

Route nationale. — La route nationale *n° 20, de Paris à Toulouse,* forme la limite du territoire avec Bagneux, sur une longueur de 2.650 mètres environ, sur lesquels 280 mètres sont entièrement sur Arcueil-Cachan.

Elle est parcourue par le chemin de fer sur route de Paris à Arpajon.

Routes départementales.— La route départementale *n° 26, de Paris à Fresnes,* d'une longueur totale de 5.620 mètres, commence à la route nationale n° 7, près de la porte d'Italie, et se termine actuellement au chemin de grande communication n° 60, à peu de distance du moulin de L'Haÿ, après avoir traversé le territoire des communes de Gentilly et Kremlin-Bicêtre, dont elle forme la limite d'Arcueil-Cachan, qu'elle sépare de Villejuif.

Elle doit être prolongée jusqu'à la route nationale n° 186, à Fresnes, suivant la direction de l'égout latéral à la Bièvre. Le classement en a été prononcé par délibération du Conseil général du 30 novembre 1898 et la déclaration d'utilité publique prononcée par décret du 11 décembre 1899. La dépense est prévue pour 195.000 francs, y compris 35.000 francs de terrains dont on poursuit l'expropriation.

Sur le territoire d'Arcueil, cette voie a une longueur de 2.156 mètres ; elle est empierrée, a une largeur de 12 mètres et comprend une chaussée de 6 mètres avec caniveaux de 0 m. 70 chacun, ainsi que deux trottoirs plantés d'arbres.

La route départementale *n° 27, de Paris* (poterne des Peupliers) *à Bourg-la-Reine,* a une longueur totale de 5.139 mètres, y compris l'embranchement de Gentilly qui a 103 mètres de longueur ; elle traverse les communes de Gentilly et d'Arcueil-Cachan, elle a un parcours de 2.926 m. 50 sur cette dernière.

Des fortifications à la mairie d'Arcueil, la chaussée pavée a de 6 mètres à 7 m. 50 ; ailleurs, sa largeur est réduite par des immeubles en saillie et par la traversée de l'aqueduc de la Vanne.

Dans la traverse d'Arcueil, on a exécuté, en 1895, vis-à-vis des écoles, sur une longueur de 41 mètres, un pavage asphalté.

Une chaussée empierrée, d'une largeur de 6 mètres, y compris deux caniveaux de 0 m. 80, a été exécutée, depuis, entre Arcueil et Bourg-la-Reine. Dans cette dernière partie, on a planté, en 1897, deux rangées d'arbres.

Chemins de grande communication. — La commune est desservie par quatre chemins vicinaux de grande communication. Ce nombre sera porté à cinq par la construction de l'annexe du chemin n° 57.

Le chemin *n° 57, de Montrouge à L'Haÿ*, a une longueur de 3.031 mètres, dont 2.200 mètres sont sur le territoire d'Arcueil. Il part de la route nationale n° 20, à la Grange Ory et se termine à la route départementale n° 26, à L'Haÿ, après avoir traversé Arcueil et Bourg-la-Reine.

Entre l'origine et la route départementale n° 27, ce chemin

a une chaussée empierrée de 7 mètres, y compris deux caniveaux pavés de largeur variable. Les deux trottoirs qui ont une largeur de 6 m. 50 chacun sont plantés d'arbres.

Entre la route départementale n° 27 et L'Haÿ, la chaussée est pavée et a une largeur de 5 mètres à 6 mètres.

Entre la Bièvre et l'entrée de L'Haÿ, les trottoirs sont bordés d'arbres d'essences diverses appartenant aux riverains.

Un décret du 31 mars 1898 a déclaré d'utilité publique l'ouverture d'une annexe de ce chemin qui relierait la route départementale n° 27, à la place de Cachan. Le projet autorisé pour une dépense de 468.340 fr. 23, y compris 20.000 francs de terrains cédés gratuitement par divers propriétaires, comporte la couverture de la rivière de Bièvre à partir de la rue de l'Ardenay. Les expropriations ont été réalisées en 1899 et les travaux, adjugés en janvier 1900, sont en cours d'exécution.

Le chemin *n° 58, de Paris à Arcueil*, part de la route départementale n° 26 à Gentilly et aboutit à Arcueil près de la mairie, après un parcours sur la commune de 1.250 mètres.

La chaussée est entièrement pavée ; les traverses de Gentilly à Arcueil sont très étroites et n'ont, sur plusieurs points, que 5 à 6 mètres entre les constructions en saillie. Hors traverse, ce chemin a une largeur variant entre 10 à 12 mètres avec une chaussée de 5 à 7 mètres de largeur.

Le chemin *n° 61, de Vanves à Ivry-sur-Seine*, part du chemin n° 50, à Vanves, et aboutit à la route nationale n° 7 sur le territoire de Villejuif ; il traverse les communes de Malakoff, Montrouge, Arcueil, Villejuif. Sur une longueur de 3.686 m. 40 sur le territoire d'Arcueil et de Villejuif (dont 2.100 mètres sur Arcueil), le chemin a une largeur de 6 mètres ; il est bordé de trottoirs plantés. Depuis la route nationale de Paris à Toulouse qui forme la limite entre Montrouge et Arcueil, jusqu'au chemin n° 58, ou rue de Gentilly, la chaussée est pavée ; au delà, elle est empierrée.

De ce chemin, sur le territoire de notre commune, dépend l'embranchement dit d'Arcueil, d'une longueur de 263 mètres, qui se détache à la rue du Moulin-de-la-Roche et aboutit à l'avenue François-Vincent-Raspail. La chaussée a 6 mètres de largeur ; elle est empierrée avec caniveaux.

Entre la route nationale n° 20 et la Bièvre, un égout destiné à recueillir les eaux du chemin, et notamment celles d'industries riveraines, est en cours d'exécution.

Le chemin *n° 62, d'Issy à Gentilly*, part de la route départementale n° 30, près du pont du chemin de fer et traverse Clamart, Vanves, Châtillon, Bagneux, Arcueil et Gentilly. Sur le territoire d'Arcueil et de Gentilly, soit un parcours de 2.800 mètres environ, dont 900 sur Arcueil, la chaussée qui est empierrée a une largeur uniforme de 6 mètres avec caniveaux pavés de 8 m. 70 ; elle est pourvue de trottoirs avec bordures en grès, le long desquels règnent des plantations d'arbres d'essences diverses.

Chemins vicinaux ordinaires. — Le tableau ci-après donne la situation des chemins vicinaux ordinaires de la commune :

NUMÉROS	DÉSIGNATION DES CHEMINS	LONGUEUR	ORIGINE	FIN	LARGEUR moyenne TOTALE	CHAUSSÉE	CHAUSSÉE NATURE	ÉTAT	OBSERVATIONS
		m.			m.	m.			
2	DE VILLEJUIF 1..	930	Chemin vicinal ordin. n° 3	Territ. de Villejuif.	8	»	Terre.	Médiocre	
3	DE GENTILLY....	660	Chemin vicinal ordin. n° 2	Territ. de Gentilly.	7	5 3	Pavée. Sol naturel.	»	Pavé sur 360 = 5o. Sol naturel sur 300 mètres.
4	VOIE CREUSE ...	660	Route départementale n° 27.	Route nationale n° 20.	8	3,20	Terre.	Bon.	
5	D'ARCUEIL A LA GLACIÈRE 2...	535	Chemin de grande commun. n° 61	Territ. de Gentilly.	10	6 5	Empierrée. Pavée.	Bon.	Empierré sur 475 mètres Pavé sur 60 mètres.
7	AVENUE DE PARIS 3	975	Rue Berthollet	Id.	12	5 5	Pavée. Empierrée.	Bon.	Pavé sur 607 mètres. Empierré sur 368 mètres.
8	DE L'Y (rue de la Gare)	540	Chemin de grande comm. n° 57.	Route nationale n° 20.	10	5	Id.	Bon.	
	TOTAL	4.300							

1. L'ancien chemin n° 1, dit de Bourg-la-Reine, qui allait de l'ancien chemin n° 44, aujourd'hui n° 57, à Bourg-la-Reine et avait une longueur de 1.135 mètres, a été incorporé à la route départementale n° 27.

2. Il n'y a pas de chemin n° 6.

3. Cette avenue est plantée d'ormes sur 180 mètres, de tilleuls et de sycomores sur 65 mètres.

Longueur totale à entretenir par la commune d'Arcueil-Cachan.	2.410 mètres
Longueur à construire	1.890 —
Total égal	4.300 mètres

Entretien. — Les recettes ordinaires pour l'entretien de ces chemins se sont élevées à 21.274 fr. 05; les recettes extraordinaires à 1.946 fr. 14. Le département a alloué une subvention de 1.000 francs. Les dépenses relatives à l'entretien se sont élevées, en 1899, à 13.789 fr. 84.

Sont en préparation, les projets suivants :

Mise en état de viabilité du chemin vicinal n° 4 (voie Creuse) 59.000 »
Classement et viabilité du chemin de Sainte-Catherine.

Voirie urbaine. — Les rues de la commune, au nombre de 20, ont une longueur totale de 6.545 mètres.

Un décret du 13 mai 1897 a déclaré applicable à la commune d'Arcueil-Cachan l'article 6 du décret du 26 mars 1852, relatif aux rues de Paris. Aux termes de cet article, toute construction nouvelle, dans une rue pourvue d'égout, devra être disposée de manière à y conduire ses eaux pluviales et ménagères et la même disposition devra être prise pour toute maison ancienne, en cas de grosses réparations et, en tout cas, avant dix ans.

Prestations. — Par suite de l'insuffisance des ressources ordinaires de la commune, applicables à l'entretien des chemins vicinaux, le Conseil municipal vote, chaque année, trois journées de prestations en nature dont la valeur en argent est appréciée par le Conseil d'arrondissement et le Conseil général.

Le rôle de l'année 1901 comporte 1.514 articles imposés se décomposant ainsi :

3.346 journées d'homme à 2 francs.	6.692 »
686 journées de voiture à 2 fr. 25.	1.543,50
980 journées de cheval à 2 fr.25	2.205 »
6 journées d'âne à 0 fr. 75.	4,50

En 1900, le nombre de journées de prestations fournies en nature s'élève à :

Journées d'hommes.	734
— de chevaux	414
— de voitures	204

Entretien des chemins vicinaux et des voies urbaines. — L'entretien des chemins vicinaux a fait l'objet d'une adjudication pour une durée de 6 années, du 1er janvier 1897, et moyennant une somme totale de 24.000 francs sur laquelle il a été consenti un rabais de 16 fr. 40 %.

La dépense s'est élevée en 1899 à 7.406 fr. 96.

Celui des voies urbaines a été jusqu'à aujourd'hui exécuté par par voie d'économie ou au moyen de traités de gré à gré; la dépense s'élevait en moyenne à 4.000 francs par an. On se propose de traiter désormais par adjudication.

Balayage et enlèvement des boues. — Le balayage est effectué par les riverains, chacun au droit de soi, et par les cantonniers au droit des propriétés communales.

L'enlèvement des boues a été adjugé le 12 mai 1899 pour une durée de 5 ans à compter du 14 mai de la même année, moyennant un prix de 9.000 francs par an.

L'enlèvement a lieu tous les jours et dans toutes les rues de la commune entre 7 h. 1/2 et 10 h. 1/2 du matin l'été, 8 h. 1/2 et 11 heures l'hiver.

Droits de stationnement et droits de voirie. — Il existe des droits de voirie dont on trouvera le tarif aux Annexes.

Ils ont produit, en 1899, 329 fr. 20.

Il n'y a sur le territoire d'Arcueil ni *canal* ni *ru*.

Ponts. — Il existe cinq ponts sur la Bièvre à la traversée des chemins de grande communication nos 57 et 61 et de la route départementale n° 27.

Le chemin n° 57 traverse la rivière morte au moyen d'un pont de 8 mètres de long sur 9 mètres de large, qui a 3 m. 50 d'ouverture aux culées; celles-ci ainsi que la voûte sont en maçonnerie; le pont est muni d'un garde-corps métallique. Le même chemin traverse la Bièvre vive, au droit du moulin de Cachan, sur un pont situé à 100 mètres du précédent. Ce dernier a une longueur de 13 mètres et une largeur de 10 mètres; les culées sont en maçonnerie et ont une ouverture de 7 mètres; le tablier et les garde-corps sont en métal.. . . . . .

La traversée de la route départementale n° 27, ou avenue François-Vincent-Raspail, s'effectue sur un pont d'une longueur de

15 mètres et d'une largeur égale. Le tablier et les garde-corps sont en métal, les culées en maçonnerie avec une ouverture de 12 mètres.

Un autre pont, dont les culées ont une ouverture de 5 mètres et dont la voûte et les garde-corps sont en maçonnerie, se trouve à la traversée du chemin de grande communication n° 61 ou avenue Laplace. Cet ouvrage a 11 mètres de long et 15 mètres de large.

Enfin, en aval du précédent, sur l'annexe raccordant la route départementale n° 27 avec le chemin de grande communication n° 61, se trouve sur la même rivière un autre pont de 8 mètres de long sur 12 mètres de large avec 5 mètres d'ouverture aux culées. Celles-ci sont en maçonnerie; le tablier et les garde-corps sont en métal.

Le chemin de fer de Paris à Limours traverse les chemins de grande communication n° 62 ou route du fort de Montrouge, n° 61 ou avenue Laplace, n° 57 ou avenue Carnot, sous autant de ponts métalliques et sur la route d'Orléans, au Sud-Ouest de la commune, ainsi que sous la rue Berthollet, entre la halte de Laplace et la station d'Arcueil, au moyen d'un pont en maçonnerie.

Bièvre. — La Bièvre, qui coule dans la partie basse de la commune et qu'elle parcourt du Sud au Nord, dans le sens de sa plus grande longueur, prend sa source à 4 kilomètres de Versailles. Pendant la plus grande partie de son parcours *sur Arcueil*, elle se divise en deux bras : l'un appelé *rivière vive*, qui suit la droite du vallon, est un lit artificiel creusé sous Henri IV pour obtenir les chutes d'eau nécessaires à la création d'usines ; l'autre, appelée *rivière morte*, est l'ancien lit naturel et coule à gauche jusqu'à la rue Mouffetard. De ce point, la rivière n'a plus qu'un lit jusqu'à la Seine, quai de la Gare.

Les nombreuses industries établies sur la Bièvre, soit avant, soit depuis Arcueil, en ont fait un ruisseau fangeux, répandant des émanations putrides.

Aussi a-t-on cherché par des dispositions réglementaires à réprimer les abus.

La réglementation spéciale à la Bièvre est contenue dans des arrêts du Conseil d'État du roi. Le plus important est celui du 26 février 1732, qui règle la police et la conservation des eaux de cette rivière et de ses affluents. Cet arrêt a été confirmé par arrêté consulaire du 25 vendémiaire an IX (1802), qui a confié la surveillance et la police de la rivière de Bièvre aux préfets des départements de la Seine et de Seine-et-Oise et au préfet de police à Paris, chacun selon sa compétence.

Depuis le décret du 10 octobre 1859, qui a remanié les attributions de la Préfecture de police et de la Préfecture de la Seine, celle-ci administre seule la rivière de Bièvre et fait observer les anciennes ordonnances.

Comme cours d'eau non navigable ni flottable, la Bièvre est régie par les lois générales et notamment par celle du 14 floréal an XI, qui a maintenu les anciens règlements et usages locaux pour le curage et l'entretien des rivières non navigables, et, enfin, par la loi du 16 septembre 1807, en son article 37, relatif aux travaux d'amélioration des cours d'eau. La Bièvre est donc soumise à la juridiction administrative en ce qui concerne les affaires d'usines, les questions de travaux et de curage, le recouvrement des rôles de dépenses faits pour ces objets.

Un arrêté du préfet de la Seine du 3 juillet 1852 énumère les conditions à observer dans l'établissement et la réparation des constructions et ouvrages de toute nature, au long de la Bièvre, hors Paris. Toute construction neuve doit être établie de manière à se trouver partout à une distance d'au moins 3 m. 25 de la rive des eaux d'été. Dès que les fondations ont atteint le niveau du sol, il est procédé, par l'ingénieur de l'arrondissement, à la vérification de l'alignement.

Les contraventions aux règlements de la Bièvre sont assimilées aux contraventions aux lois et règlements sur la grande voirie. Les arrêtés pris par le préfet de la Seine, dans l'intérêt de la police des eaux de la Bièvre, sont des mesures administratives qui ne peuvent être attaquées que pour excès de pouvoir devant le ministre ou le Conseil d'État.

A l'occasion de l'ouverture d'une annexe au chemin de grande communication n° 57 (voir p. 75), des travaux de couverture de la rivière entre la rue de l'Ardenay, à Arcueil, et celle du Pont, à Cachan, ont été décidés et sont en cours d'exécution.

En dehors de Paris, cette rivière est curée par les soins du département. Ce travail a été exécuté pour la dernière fois, en 1899, par un adjudicataire, sur une longueur de 12.354 m. 45 pour la rivière vive, 6.804 m. 50 pour la rivière morte et 8.657 m. 58 pour les affluents. Les dépenses ont été supportées par les riverains et usiniers au prorata de la longueur de leurs propriétés, sans tenir compte de la profondeur.

Égouts. — La commune est traversée du Sud au Nord par un égout collecteur, dit « latéral à la Bièvre », qui entre dans Paris par la poterne des Peupliers. Il pénètre sur la commune, à travers champs, entre Bourg-la-Reine et la Bièvre, dans une bande de terrain de 4 mètres de largeur acquise par le département et qui se prolonge jusqu'à la rue Camille-Desmoulins qu'emprunte cet égout. Place de Cachan, il reçoit celui de la rue Guichard (200 mètres) qui passe sous la Bièvre morte et reçoit ceux des rues Cousté (223 mètres) et du Pont (176 mètres). Les eaux de la Bièvre peuvent au besoin être déversées dans ce collecteur par la manœuvre de vannes établies au point où l'égout de la rue Guichard rencontre les deux bras de la rivière.

L'égout « latéral à la Bièvre » passe ensuite sous la rue des Deux-Parcs (chemin n° 57), à l'extrémité de laquelle débouche l'égout de la rue de Bourg-la-Reine (route départementale n° 27) qui a une longueur de 370 mètres, puis se continue par les rues de l'Aqueduc, Émile-Raspail, Cauchy et l'avenue Raspail (route départementale n° 27).

Il reçoit en outre: la rigole de la Plâtrière, établie en 1857 aux frais de l'État pour assainir la route nationale n° 20 ; sa longueur est de 640 mètres, dont 125 mètres sur le territoire d'Arcueil et 515 mètres en mitoyenneté avec Bourg-la-Reine ; l'égout de la rue de la Fontaine, 102 mètres; un tuyau de 0 m.40 de diamètre, d'une longueur de 270 mètres établi sous les rues Émile-Raspail et Berthollet et qui fait fonction d'égout ; un ancien ouvrage (169 mètres), qui a son origine dans la rue Raspail, à proximité de la mairie, conduisait autrefois ses eaux à la Bièvre par la rue de l'Abreuvoir, en suivant un parcours parallèle à l'égout collecteur; il débouche maintenant dans ce dernier, près du viaduc.

Sont en cours d'exécution et sur le point d'être terminés les travaux d'un égout établi sous le chemin de grande communication n° 61 (route de Villejuif) dont la tête se trouve près de la route nationale n° 20 et qui se déverse dans l'égout latéral à la Bièvre.

Il en est de même des travaux de couverture de la Bièvre entre la rue de l'Ardenay et celui du Pont, pour l'emplacement d'une nouvelle route.

On autorise le déversement dans la rivière, sous certaines conditions, des eaux ménagères, pluviales et industrielles,ces dernières provenant de blanchisseries.

La longueur totale des égouts actuellement susceptibles d'être utilisés atteint le chiffre de 5.740 mètres sur le territoire d'Arcueil-Cachan. Ils se classent comme suit :

Égouts départementaux.	Sous la route départementale . .	2.182 mètres
	Sous chemin de grande communication et voies urbaines ou autres	3.026 —
Rigole dépendant de la route nationale		382 —
Canalisation communale.		250 —
	Total	5.840 mètres

Le curage des égouts et rigoles d'intérêt général est en principe à la charge de la commune ; mais, en fait, le département exécute ce travail, avance les fonds nécessaires et garde à sa charge une partie de la dépense. En 1900, la commune a contribué pour une somme de 1.765 francs.

Aqueducs. — On a dit page 35 que la commune était traversée par trois aqueducs servant à l'alimentation de Paris.

Celui qui est connu sous le nom d'*aqueduc d'Arcueil* amène dans la capitale les eaux des sources dites du Midi, provenant des coteaux de Rungis et de L'Haÿ. Il reçoit sur le territoire de la commune celles d'une source dite source de Cachan, qui est située à l'Est de la commune, à 125 mètres environ de la route départementale n° 26, près du sentier dit sentier de la Fontaine couverte. Cette source fut captée à la suite des recherches prescrites par les échevins et le prévôt de la Ville de Paris, en vue de parer à l'insuffisance des eaux fournies par l'aqueduc d'Arcueil, insuffisance qu'on avait vivement ressentie pendant les années de sécheresse 1667, 1668 et 1669. Comme elle était située sur le territoire de l'abbaye de Saint-Germain-des-Prés, sur le coteau faisant face au village de Cachan, elle fut cédée à la Ville de Paris par le roi Casimir, abbé commandataire de cette abbaye, aux termes d'un acte du 22 juin 1761, mais sous la réserve expresse d' « un pouce d'eau à prendre par préférence » par le cessionnaire. On dira page 97, sous la rubrique *Eaux*, la part qui revient à la commune, plus exactement à Cachan, sur la quantité d'eau faisant l'objet de cette clause du contrat.

On a vu, dans la première partie de ce travail, que l'aqueduc d'Arcueil construit sous le règne de Louis XIII occupait le tracé de celui qui avait été édifié par l'empereur Julien pour alimenter le palais des Thermes. On ajoutera seulement que les travaux se firent aux frais du roi, de la Ville de Paris et des entrepreneurs, sous l'autorité des trésoriers de France (lettres patentes du 16 décembre 1612).

Sur le territoire de la commune où il pénètre dans la partie Sud-Est, à peu près au même point que les conduites de la Vanne, du Loing et du Lunain, il a un parcours de près de 4 kilomètres. Jusqu'au point où il traverse la vallée, il court, à l'Est, sur le coteau de Cachan, parallèlement à la route départementale n° 26. Il franchit la vallée de la Bièvre au moyen d'arcades formées d'une épaisse muraille soutenue de chaque côté par des contreforts qui montent jusqu'à une corniche d'ordre dorique ornée de médaillons et entre lesquels s'ouvrent les vingt-quatre arches larges de 6 m. 20 qui le composent. L'entablement est surmonté d'un attique qui borde une galerie voûtée recouverte par des dalles. L'intérieur de cette galerie forme le canal, et les eaux coulent entre deux banquettes permettant de parcourir toute la longueur de l'aqueduc à pied sec. La porte est ornée de bossages vermiculés et l'entablement est supporté par deux cariatides.

Au delà de cet ouvrage, la canalisation souterraine en maçonnerie de pierre de taille, avec ses parois épaisses, sa large section, ses regards monumentaux (au nombre de neuf sur le territoire d'Arcueil), aux escaliers en pierre, court à l'Ouest de la commune et se dirige vers Paris, à travers le territoire de Gentilly sur lequel elle pénètre, en même temps que le chemin de grande communication n° 62 ; à l'intérieur de l'enceinte fortifiée, elle se continue par une simple conduite en fonte pour aboutir depuis 1840 au réservoir du Panthéon, où elle déverse ses eaux qui se mélangent à celles de la Seine fournies par le réservoir de Gentilly.

Les eaux qu'amène à Paris cet aqueduc sont limpides et agréables au goût, mais assez chargées de sel. Elles marquent 36° à l'hydrotimètre. Le débit journalier ne dépasse pas 800 à 1.000 mètres cubes par jour.

L'*aqueduc de la Vanne*, qui a été déclaré d'utilité publique par décret du 19 décembre 1866, conduit à Paris les eaux de cette rivière et d'un groupe de sources captées dans le même bassin. La Vanne est un affluent de l'Yonne dans laquelle elle se jette près de Sens. Elle prend sa source dans le département de l'Aube, vers la limite des plaines crayeuses de la Champagne, à 14 kilomètres de Troyes. Elle draine un bassin de de 965 kilomètres carrés de superficie entièrement perméable et formé par la craie blanche recouverte sur les plateaux d'un limon rouge tertiaire mêlé de cailloux. Malgré que la région soit peu pluvieuse, la constitution géologique du sol est telle que les eaux de superficie y sont rares et peu abondantes, et que l'infiltration au contraire s'y montre considérable, de sorte que les cours d'eau sont presque exclusivement alimentés par des sources dont le débit est remarquablement régulier.

Celles dont l'aqueduc en question canalise les eaux forment deux groupes dénommés les *sources basses* et les *sources hautes ;* celles-ci parvenant à Paris par la simple action de la gravité ; celles-là refoulées dans l'aqueduc principal au moyen de pompes mues, soit par des chutes ménagées sur la rivière de Vanne, soit par la vapeur.

Cet aqueduc, qui recueille sur son parcours le produit des diverses sources par l'intermédiaire de tout un réseau d'aqueducs secondaires et de conduites de refoulement partant des usines, est considéré comme prenant naissance à la source d'Armentières, à 173 kilomètres du réservoir de Montsouris où vient aboutir la dérivation de la Vanne dans Paris et à l'altitude de 111 m. 17.

Il est constitué, sur presque tout son parcours, par un tube en maçonnerie de 1 m. 74 de diamètre intérieur, porté à 1 m. 80 sur les six derniers kilomètres et de 0 m. 20 d'épaisseur, avec une pente de 0 m. 20 par kilomètre. La longueur totale est de 20.395 mètres se décomposant en 11.975 mètres de tranchées, 1.003 mètres de reliefs ou petites arcades, 5.997 mètres de souterrain, plus un siphon en tuyaux de fonte de 1 m. 10 de diamètre et de 1.420 mètres de longueur. Ce siphon est établi dans le bassin de la Vanne, en travers de la vallée et dans des prairies marécageuses où il a fallu le faire porter sur des dés en maçonnerie soutenus, eux-mêmes, par des pieux.

L'aqueduc détache, près de Sens, une conduite destinée à fournir, pour l'alimentation de cette ville, un volume de 773 mètres par jour, concédé gracieusement par la Ville de Paris. Il suit les coteanx de rive droite des vallées de la Vanne et de l'Yonne jusqu'auprès de Pont-sur-Yonne où il franchit la rivière d'Yonne par un grand siphon de 3.737 mètres de longueur et 40 mètres de flèche. Il se développe ensuite sur les coteaux de rive gauche de l'Yonne et de la Seine, sillonnés par de nombreuses vallées secondaires creusées dans la craie : il passe d'un thalweg à l'autre, en souterrain, dans la craie, et franchit les vallées par des siphons ou des arcades. A Moret, il traverse le Loing par un grand siphon de 2.357 mètres de longueur et 43 mètres de flèche, et s'engage dans les sables de la forêt de Fontainebleau où il suit un long ravin d'origine diluvienne, puis, il franchit l'École par un siphon de 12.225 mètres de longueur et 31 mètres de flèche, s'établit sur le plateau de Hurepoix, traverse l'Essonne et l'Orge (longueur des siphons, 1.451 mètres et 1.972 mètres; flèches, 34 mètres et 45 mètres), rencontre des couches, puis des amas de meulière, un peu avant d'arriver à la Bièvre, qu'il traverse par une série d'arcades établies sur l'aqueduc des sources du Midi, à 38 mètres au-dessus de la vallée; une tranchée dans le calcaire grossier et une partie en relief le conduisent à Paris, où il entre, à côté de la porte d'Arcueil, après avoir traversé les départements de l'Yonne, de Seine-et-Marne, de Seine-et-Oise et de la Seine.

La pente des parties en conduite libre est de 0 m. 13 par kilomètre jusqu'au siphon de l'Orge, et de 0 m. 10 au delà. La section reste circulaire et présente, successivement, un diamètre de 2 mètres, puis de 2 m. 10. Le débit maximun est d'environ 120.000 mètres cubes par 24 heures.

La nécessité d'aboutir à l'altitude de 80 mètres n'a pas permis d'enterrer l'aqueduc, car, le sol étant relativement bas, on a dû, au contraire, multiplier les reliefs et les arcades qui atteignent un développement de 16.000 mètres contre 93.000 mètres de tranchées, 41.900 mètres de souterrains et 21.500 mètres de siphons.

Les ouvrages d'art sont nombreux et importants; les principaux sont : les grands ponts-siphons de l'Yonne et du Loing, le premier, présentant 162 arches dont une de 40 mètres et 493 mètres de longueur; le second, 53 arches et 584 mètres; les arcades du Grand-Maître dans la forêt de Fontainebleau; celles de Couronnes, de Ris-Orangis; celles de la Bièvre superposées à l'aqueduc d'Arcueil, la passerelle métallique à la traversée des marais de l'Essonne; les traversées des chemins de fer du Bourbonnais à Moret, d'Orléans à Savigny-sur-Orge, etc.

Des regards de visite sont établis tous les 500 mètres, et, de distance en distance, on a ménagé des regards de plus grande dimension permettant l'introduction d'un batelet dans lequel deux hommes peuvent se laisser descendre au fil de l'eau pour vérifier l'état d'entretien des conduites libres. Les têtes de siphons sont pourvues d'appareils permettant l'isolement des deux conduites ; on a établi, au voisinage, des déversoirs de superficie, pour régler le plan d'eau et, au bas des siphons, des regards de décharge.

Les maçonneries ont été exécutées, en amont, en silex avec mortier de ciment de Vassy ; en aval, vers Paris, en meulière avec le même mortier ; les voûtes sont recouvertes d'une chape et les parois intérieures d'un enduit monté jusqu'au-dessus du plan d'eau fixé à 1 m. 30 de hauteur. L'épaisseur des maçonneries, de 0 m. 28 aux naissances, est réduite à 0 m. 24 à la clef. Cette faible épaisseur des maçonneries, maintenue dans les reliefs et sur les arcades, ayant eu pour conséquence des fissures graves, par suite des différences de température entre l'intérieur et l'extérieur, il en résulte des écoulements d'eau abondants et la désagrégation, en beaucoup de points, du sol de fondation. On y a successivement remédié, en recouvrant les voûtes d'une couche de terre gazonnée, maintenue entre deux murettes garnies de lierre ; en reprenant les fondations avariées et en doublant intérieurement l'aqueduc, au-dessus de certaines arcades, notamment celles de la Bièvre, d'une feuille mince de plomb (0 m. 002) destinée à assurer l'étanchéité, après que les expériences de Schutzenberger, en 1887, eurent démontré la complète innocuité de cet emploi.

Les travaux commencés en 1867, interrompus pendant la guerre, furent repris en 1872 et terminés en 1874 ; l'eau arriva pour la première fois, à Paris, le 12 août de cette année, mais le service fut intermittent et irrégulier jusqu'au 11 avril 1874, date à partir de laquelle il est devenu définitif et ininterrompu. Divers travaux complémentaires n'ont été exécutés que plus tard ; la dépense totale, y compris les travaux complémentaires, s'est élevée à la somme de 43.000.000 de francs.

Aqueduc du Loing et du Lunain. — Les sources qui alimentent cet aqueduc, au nombre de sept, sont toutes situées dans le département de Seine-et-Marne (cantons de Nemours et de Moret) ; six d'entre elles émergent sur le fond plat des larges vallées qu'arrosent le Loing, affluent de rive gauche de la Seine qui s'y jette à Saint-Mamès, et le Lunain, affluent de rive droite du Loing ; la septième marquait l'origine d'un vallon latéral à la vallée du Lunain où elle donnait naissance à un ru qui formait, un peu plus bas, l'étang de Villeron.

Réparties sur une étendue d'environ 25 kilomètres, elles forment deux groupes bien distincts, celui du Loing qui se subdivise, lui-même, en deux autres parties, l'une en amont de Nemours, l'autre entre Grez et Montigny, et celui du Lunain. Elles sortent uniformément de la craie sénonienne qui affleure au Sud-Est du département de Seine-et-Marne, vers la limite de celui de l'Yonne.

Elles ont été acquises de 1881 à 1884; l'adduction a été décidée par le Conseil municipal le 23 novembre 1892, et la déclaration d'utilité publique prononcée par une loi du 21 juillet 1897.

Le débit de ces sources, relevé par des jaugeages continués sans interruption depuis 1893, est moyennement de 50.000 mètres cubes et se répartit à peu près également entre les deux groupes, 26.000 mètres cubes pour celui du Loing et 24.000 mètres cubes pour celui du Lunain. La limpidité, la fraîcheur, la composition chimique et la teneur bactériologique de leurs eaux les rapprochent de celles de la Vanne. Malheureusement, elles ne sont pas assez hautes pour qu'on puisse les dériver à Paris par l'action de la gravité; les plans de captage varient de 67 mètres à 53 mètres au-dessus de la mer, de sorte qu'il faut les relever de 40 mètres environ pour les amener à l'entrée de la forêt de Fontainebleau, au niveau de l'aqueduc de la Vanne, auquel l'aqueduc du Loing et du Lunain est accolé à partir de ce point et qu'il suit jusqu'à Paris pour aboutir, comme lui, au réservoir de Montsouris.

L'usine située en bordure du chemin de grande communication n° 148, de Moret à Nemours, couvre une surface de 36 m. 50 de long sur 22 m. 70 de large. Elle permet d'élever 700 litres par seconde à 41 mètres de hauteur.

L'aqueduc, qui a 73 kilomètres de longueur environ, a été, comme on l'a dit, juxtaposé sur presque tout son parcours à celui de la Vanne et a reçu une section suffisante pour qu'on puisse y jeter les eaux de cette dérivation en cas d'avarie ou de réparation, du moins tant qu'il ne recevra pas d'autres eaux que celles du Loing et du Lunain : à cet effet, sa capacité a été fixée à 180.000 mètres cubes par vingt-quatre heures. Il est d'ailleurs considéré comme devant être prolongé plus tard dans la direction d'une des hautes vallées du bassin de la Seine pour y aller chercher un complément d'alimentation. Bien qu'il suive le tracé même de la dérivation de la Vanne, le nouvel aqueduc ne présente plus ces nombreux ouvrages en élévation dont l'expérience a révélé les inconvénients, changement rendu possible par les progrès réalisés dans la fabrication des tuyaux de grande dimension, qui ont permis d'augmenter sans frais exagérés les sections des siphons et d'y réduire sensiblement les pertes de charge.

Sur la longueur totale de 73 kilomètres, 80 °/₀ environ, soit 58 kilomètres, sont en conduite libre, dont 21 kilomètres en souterrain et 37 en tranchées ou reliefs enveloppés de terre avec pente uniforme de o m. 10 par kilomètre; il y a 15 kilomètres de siphons qui servent à franchir les vallées de l'École, de l'Essonne, de l'Orge et de la Bièvre, une série de dépressions secondaires dans la forêt de Fontainebleau et quelques chemins publics. Les parties en conduite libre présentent une section circulaire de 2 m. 50 de diamètre ; les siphons ont reçu des diamètres de 1 m. 25, 1 m. 50 ou 1 m. 80 suivant les charges dont on disposait ; ceux de 1 m. 25 de diamètre seuls ont été exécutés dès à présent en deux files parallèles.

Les plus longs souterrains sont ceux de la Salamandre sur le territoire de Fontainebleau (3.150 mètres), de Beauvais dans la commune de Champcueil (2.100 mètres) et de L'Haÿ dans celles de Chevilly et de L'Haÿ (2.500 mètres). Le siphon le plus considérable est celui de la Bièvre sur le territoire de notre commune : une dérivation du tracé a reporté le passage de cette vallée à quelque distance (800 mètres environ) en amont des arcades d'Arcueil, et l'on y a établi une conduite forcée de 1 m. 80 de diamètre et de 2.750 mètres de longueur que supporte, dans la partie basse de la vallée et sur 200 mètres de longueur, une série d'arcades en maçonnerie destinées à la maintenir au-dessus du champ d'inondation ; ces arcades sont surmontées d'une galerie couverte qui renferme la conduite et l'on y a aménagé la place d'une seconde conduite semblable.

Les maçonneries réglées à o m. 30 d'épaisseur ont été exécutées, en général, en moellons calcaires ou en meulières avec mortier de ciment de Portland et de sable de rivière. Les siphons de 1 m. 25 et 1 m. 50 de diamètre sont composés de tuyaux cylindriques de 4 m. 10 de longueur, renforcés par des frettes d'acier posées à chaud et assemblées au moyen de joints à bagues dont l'étanchéité est obtenue par des rondelles en caoutchouc serrées contre les tuyaux et la bague par des contrebrides boulonnées. A la traversée des rivières seulement et des champs d'inondation où les tuyaux sont soutenus au-dessus du sol par des supports en maçonnerie ou par des passerelles métalliques et par des tréteaux en cornière portés par des massifs de maçonnerie fondés sur pilotis, on a remplacé la fonte frettée par la tôle d'acier rivée. Il en est ainsi notamment pour le siphon de la Bièvre dont la conduite a 1 m. 80 de diamètre. Ce siphon est en galerie sur toute sa longueur, galerie qui est voûtée sur la majeure partie de son parcours et, au-dessus des arcades, recouverte en dalles de ciment armé.

Un projet de nouvel aqueduc avec arcades avait d'abord été dressé contre lequel le Conseil municipal et la population d'Arcueil s'élevèrent; de nombreuses protestations eurent lieu au moment de l'enquête. Le 10 novembre 1897, le Conseil municipal fit encore remettre sur le bureau du Conseil général une demande tendant à remplacer l'aqueduc avec arcades par un siphon.

Au delà d'Arcueil, à l'entrée dans Paris, l'aqueduc, un peu en relief, franchit le fossé des fortifications au moyen de trois arcades accolées à celles de la Vanne dont il a rejoint la dérivation à *la Vache Noire*, à la limite du territoire d'Arcueil. Il se continue ensuite en siphon de 1 m. 50 de diamètre jusqu'au réservoir de Montsouris où il aboutit dans une bâche spéciale, accoté, comme on l'a dit, à celle de la Vanne et réunie à cette dernière dans un même pavillon vitré.

La dépense, y compris l'acquisition des sources, les indemnités de toute nature, etc., atteint approximativement 24 millions de francs.

Ces renseignements seraient incomplets si on ne disait un mot du *réservoir de Montsouris* dans lequel débouchent les deux derniers aqueducs dont il vient d'être parlé et où l'on peut aussi déverser de l'eau d'Avre amenée par une conduite de 0 m. 50 de diamètre. Il a été construit en même temps que l'aqueduc de la Vanne (1871-1874); il affecte la forme d'un rectangle de 265 mètres de longueur sur 136 de large; et occupe avec ses dépendances dans le XIVe arrondissement de Paris une superficie de 54.047 mètres carrés, bordé par les avenues Reille et de Montsouris et par la rue de la Tombe-Issoire.

Cet ouvrage considérable, qui n'a pas coûté moins de 7 millions de francs, a l'aspect d'un énorme tumulus recouvert de terre gazonnée, qui domine de 6 à 8 mètres le terrain naturel. Sur le plateau supérieur apparaissent les édicules vitrés des escaliers de descente, et à l'angle Nord-Ouest une construction saillante en maçonnerie surmontée d'un kiosque métallique vitré renfermant la bâche où débouchent côte à côte les deux doubles siphons qui terminent respectivement les dérivations de la Vanne et du Loing. Le réservoir se compose de deux étages superposés dont les trop-pleins sont respectivement aux altitudes de 80 mètres et de 73 m. 75.

L'étage supérieur, divisé en deux compartiments carrés par un mur transversal, peut recevoir une couche d'eau de 3 mètres d'épaisseur et a une capacité de 80.000 mètres cubes. C'est le réservoir proprement dit; l'eau arrive dans le compartiment Ouest, soit par déversement superficiel, soit par les bandes de la bâche, et dans le compartiment Est par de longues conduites posées sur le radier du premier.

L'étage inférieur, également divisé en deux compartiments, reçoit l'eau par les trop-pleins de l'étage haut ou par des conduites directes, et fait l'office de réserve. Les 126.400 mètres cubes qu'il peut emmagasiner sur une hauteur de 5 m. 50 sont employés de temps à autre, mais pendant la nuit seulement, afin que la faiblesse du débit compense la perte de pression et laisse une charge suffisante dans le réseau.

Une petite galerie de pourtour, ménagée au sommet de l'étage inférieur, permet des visites intérieures pour lesquelles des cartes spéciales sont délivrées.

La construction est entièrement en meulière et mortier de ciment, sauf les voûtes qui sont en briquettes d'un type extrêmement léger et reposent sur des piliers et des murs-culées en brique. La couche de terre superposée a reçu o m. 40 d'épaisseur, ce qui suffit pour maintenir sans variations, même dans les saisons extrêmes, la température propre de l'eau emmagasinée.

Distance de Paris. — La distance de Paris (parvis Notre-Dame) à Arcueil-Cachan (mairie) est de 7 kil. 300 mètres.

Distance des communes du canton :
Chevilly est à 4 kil. 900 mètres.
Fresnes est à 6 kil. 500 mètres.
Gentilly est à 2 kil. 200 mètres.
L'Haÿ est à 3 kilomètres.
Kremlin-Bicêtre est à 3 kil. 200 mètres.
Rungis est à 8 kil. 200 mètres.
Villejuif est à 3 kil. 400 mètres.

Moyens de transport. — La commune est actuellement desservie par le chemin de fer de Paris à Sceaux et à Limours et par le chemin de fer sur route de Paris à Arpajon.

La première de ces lignes a deux stations sur le territoire de la commune, l'une dite station d'Arcueil-Cachan et l'autre halte de Laplace.

La station d'Arcueil, qui remonte, comme on l'a dit dans la partie historique, à 1848, est située à peine à 60 mètres de l'ancien cimetière. Elle comprend une gare de marchandises qui a été ouverte en juin 1889. A cette date, la Compagnie a établi une passerelle permettant aux habitants d'Arcueil d'accéder aux trains qui se dirigent sur Paris sans traverser les voies. On a ainsi supprimé un passage à niveau rendu dangereux par le voisinage de la gare de marchandises. Pour faciliter l'accès de cette dernière, un chemin qui débouche dans la rue de la Gare a été ouvert en même temps.

La halte de Laplace a été ouverte en 1894. La commune contribua aux frais d'installation pour une somme de 1.000 francs; il en fut de même des propriétaires riverains de l'avenue Laplace.

La halte de Laplace est la 6e station et celle d'Arcueil la 7e depuis Paris-Luxembourg. Tous les trains de la ligne de Paris à Robinson, au nombre de 33 montants et autant descendants, desservent ces deux stations. Le premier train passe à Laplace à 5 h. 48 et à Arcueil trois minutes après; le dernier à 12 h. 58; le premier venant de Robinson passe à Arcueil à 5 h. 20 du matin et à Laplace deux minutes après et le dernier à minuit.

La durée du trajet de Paris à Laplace est de 15 minutes et de 18 à Arcueil.

3 trains descendants et 2 trains montants de la ligne de Paris à Limours s'arrêtent à la station d'Arcueil seulement.

Prix des places de Paris à Laplace et à Arcueil :

BILLETS SIMPLES			BILLETS D'ALLER ET RETOUR		
1re classe	2e classe	3e classe	1re classe	2e classe	3e classe
0 fr. 55	0 fr. 40	0 fr. 30	0 fr. 85	0 fr. 65	0 fr. 45

Prix des cartes d'abonnement :

POUR TROIS MOIS			POUR SIX MOIS			POUR UN AN		
1re cl.	2e cl.	3e cl.	1re cl.	2e cl.	3e cl.	1re cl.	2e cl.	3e cl.
58	46	30	85	63	45	116	86	65

Des cartes d'abonnement hebdomadaire sont délivrées aux ouvriers et ouvrières au prix de 1 franc par semaine de l'avenue Laplace à Paris et de 1 fr. 30 d'Arcueil-Cachan à Paris.

Chemin de fer sur route de Paris à Arpajon. — L'exploitation de cette ligne comprend trois services distincts :

1° Le service *intra muros* de jour (voyageurs et messageries), exploité depuis le 5 février 1895, est effectué entre le terminus de l'Odéon et la porte d'Orléans par les soins de la Compagnie de Paris à Arpajon au moyen de locomotives à air comprimé aux frais de la Compagnie générale des Omnibus qui encaisse la recette sur ce parcours ;

2° Le service *extra muros* (grande et petite vitesse) est effectué entre Paris et Antony depuis le 25 mars 1893, entre Antony et Longjumeau depuis le 15 août de la même année, jusqu'à Arpajon, sur l'embranchement de Montlhéry à Marcoussis. Sur ces sections, l'exploitation a lieu entièrement par la Compagnie d'Arpajon et pour son compte au moyen de trains mus par des locomotives ordinaires à feu.

La traction électrique, autorisée par décision ministérielle en date du 26 janvier 1899, doit être effectuée par conducteurs aériens et trolleys *extra muros* et par des fourgons porteurs d'accumulateurs dans Paris, et est sur le point d'être mise en service.

Enfin le train spécial des Halles (marchandises), qui fonctionne depuis le 30 octobre 1894, est effectué entièrement par la Compagnie d'Arpajon et pour son compte, moyennant une redevance à la Compagnie des Omnibus, au moyen de trains qui ont été autorisés, à titre provisoire, à pénétrer dans Paris à partir de minuit 45, et qui doivent en être sortis à 4 heures du matin. La composition maxima de ces trains a été portée en outre de 4 à 6 wagons.

La longueur totale des voies exploitées dans le département de la Seine est de 14.502 mètres, dont 9.307 hors de Paris et 5.195 dans Paris.

Sur le territoire d'Arcueil, le tramway suit la route nationale nº 20, de Paris à Toulouse, qui forme la limite de la commune avec Montrouge et Bagneux. Il dessert deux stations, situées aux lieux dits la Vache Noire et la Croix d'Arcueil.

Le service des voyageurs est assuré l'hiver par 15 trains circulant dans chaque sens entre Paris et Antony et par 23 pendant l'été.

De plus, la Compagnie met en marche selon les besoins du service :

Des trains facultatifs de voyageurs dont le nombre pouvait s'élever, pour le service de l'été 1900, à 10 dans chaque sens ;

Des trains de marchandises réguliers ou facultatifs, au nombre de 9 dans chaque sens, dans le département de la Seine, et de 11 sur les autres parties du réseau.

Les horaires des trains de voyageurs sont affichés dans les bureaux de station et dans les voitures. La Compagnie distribue gratuitement un indicateur officiel contenant, en outre des tableaux des horaires, tous les renseignements relatifs aux transports effectués aux divers tarifs de la Compagnie.

A défaut de cet horaire, il paraît utile de donner l'effectif du matériel roulant à air comprimé et à vapeur.

Les locomotives à vapeur qui remorquent les trains entre la porte d'Orléans et Arpajon sont au nombre de 21, dont 18 de 25 tonnes et 3 de 18 tonnes. Ces 3 dernières sont utilisées pour la remorque des trains de nuit à destination des Halles.

Le matériel à voyageurs comprend :

8 voitures de 1re classe à 28 places ;
2 — mixtes de 1re et de 2e classe à 30 places ;
15 — de 2e classe à 40 places ;
22 — de 2e classe à 30 places ;
11 — de 2e classe à impériales couvertes à 50 places.

Le matériel à bagages se compose de 10 fourgons et celui destiné aux marchandises de :

32 wagons couverts ;
53 — de haut bord, dits tombereaux ;
14 — à plate-forme ;
1 grue roulante.

Les voitures sont éclairées par des lampes à pétrole.

Elles sont chauffées, en hiver, au moyen de bouillottes à eau chaude.

La durée du trajet de l'Odéon à la Vache Noire est de 28 minutes et de 30 jusqu'à la Croix d'Arcueil.

Le prix des places pour ces deux haltes est de 0 fr. 20 en 1re classe et de 0 fr. 10 en 2e. Des billets d'aller et de retour sont délivrés, mais sans différence de prix.

Prix des cartes d'abonnement :

TROIS MOIS		SIX MOIS		UN AN	
1re classe	2e classe	1re classe	2e classe	1re classe	2e classe
32	19	47	32	70	47

Ces prix ne comprennent que le transport depuis ou jusqu'à Paris (porte d'Orléans); les voyageurs désirant se rendre dans l'intérieur de Paris doivent payer un supplément de 0 fr. 15 en 2e et 0 fr. 30 en 1re classe; ce dernier supplément donne droit à une correspondance leur permettant de voyager gratuitement sur les lignes de la Compagnie des Omnibus qui se trouvent sur le parcours.

16 trains circulent par jour, dans chaque sens, entre 6 heures du matin et 9 heures du soir. Sur ce nombre, 3 partent de la porte d'Orléans et 6 ne dépassent pas le pont d'Antony; les autres vont de Paris-Odéon jusqu'à Arpajon; la durée totale du parcours est de 2 heures un quart.

Depuis son ouverture, cette ligne sert à amener directement aux Halles centrales de Paris les denrées maraîchères de la région Sud de Paris; le point extrême de la ligne est situé à environ 37 kilomètres des Halles. Au début, les marchandises étaient transbordées à la porte d'Orléans. Les trains conduits par des machines à vapeur ne dépassaient pas les fortifications; les denrées étaient transportées ensuite aux Halles par des camionneurs particuliers. Depuis le 30 octobre 1894, les trains vont jusqu'aux Halles.

Les apports qui ont été effectués par cette voie en 1899 se sont élevés à 8.723.741 kilogrammes, alors qu'en 1895 ils ne dépassaient pas 3.595.830 kilogrammes.

Voici les résultats de l'exploitation de cette ligne en 1898 et 1899 :

DÉSIGNATION des concessionnaires et des lignes	1898 LONGUEUR totale exploitée au 31 décembre	moyenne exploitée pendant l'année	DÉPENSES d'établissement au 31 décembre	RÉSULTATS DE L'EXPLOITATION du 1er janvier au 31 décembre — TOTAUX — Recettes	Dépenses	Produit net	PAR KILOMÈTRE — Recettes	Dépenses	Produit net	Rapport des dépenses aux recettes	Recettes par jour-kilomètre
	Kilom.	Kilom.	Fr.	Fr.	Fr.	Fr.	Fr.	Fr.	Fr.	°/°	Fr.
Compagnie du chemin de fer sur route de Paris à Arpajon. Paris à Arpajon et embranchements .... (dép. de la Seine et de Seine-et-Oise).	36(1)	40(1)	8.611.754	803.820	578.572	225.248	20.095	14.464	5.631	72	55

DÉSIGNATION des concessionnaires et des lignes	1899 LONGUEUR totale exploitée au 31 décembre	moyenne exploitée pendant l'année	DÉPENSES d'établissement au 31 décembre	RÉSULTATS DE L'EXPLOITATION du 1er janvier au 31 décembre — TOTAUX — Recettes	Dépenses	Produit net	PAR KILOMÈTRE — Recettes	Dépenses	Produit net	Rapport des dépenses aux recettes	Recettes par jour-kilomètre
	Kilom.	Kilom.	Fr.	Fr.	Fr.	Fr.	Fr.	Fr.	Fr.	°/°	Fr.
Compagnie du chemin de fer sur route de Paris à Arpajon. Paris à Arpajon et embranchements........ (dép. de la Seine et de Seine-et-Oise).	36(1)	40(1)	8.690.372	831.577	617.916	213.661	20.789	15.448	5.341	74	62

La concession d'un tramway allant d'Arcueil-Cachan au Luxembourg avec embranchement de la porte d'Italie à Gentilly a été donnée à la date du 5 mars 1900 à la Compagnie électrique des tramways de la rive gauche de Paris.

1. Y compris 4 kilomètres empruntés aux lignes Gare de l'Est - Montrouge (Compagnie générale des Omnibus) et Saint-Germain-des-Prés - Fontenay-aux-Roses (Compagnie générale parisienne de Tramways).

Aux termes du cahier des charges, la ligne devait être ouverte à l'exploitation le 1er janvier 1901 ; mais, à cette date, sur 7.200 mètres de voie à construire, 6.250 seulement étaient construits. Une enquête est ouverte pour prolonger cette ligne jusqu'à l'Hôtel de Ville par les rues d'Ulm, Soufflot, Saint-Jacques, Dante et d'Arcole.

Eaux. — La commune est alimentée en eau par la Compagnie générale des Eaux. L'eau fournie est de l'eau de Seine puisée et filtrée à Choisy-le-Roi.

Le traité est du 13 mars 1895, approuvé par arrêté du 23 du même mois ; il a été conclu pour une durée de 30 années.

Il stipule que l'eau sera fournie par abonnements aux prix du tarif ci-après :

Pour	125	litres par jour,	35	francs par an, soit	o fr. 76	par mètre cube
—	250	—	50	—	o fr. 55	—
—	500	—	90	—	o fr. 49	—
—	1.000	—	150	—	o fr. 41	—
—	1.500	—	210	—	o fr. 38	—

Et pour les quantités au-dessus de 1.500 litres, à raison de 80 francs le mètre cube ; et encore ce prix ne s'applique-t-il qu'à l'excédent des 1.500 litres seulement.

Au-dessus de 10.000 litres, la Compagnie traite de gré à gré.

Depuis le 1er janvier 1896, où le service est fait en eau épurée, en exécution d'une convention intervenue le 20 janvier 1894 entre le département de la Seine et la Compagnie, les prix ci-dessus sont augmentés de o fr. 01 par 1.000 litres ou d'un dixième de centime par 100 litres quotidiens concédés, soit 3 fr. 65 par mètre cube annuel.

Au 1er janvier 1900, le nombre des abonnés était de 197.

La commune a contracté, aux termes de ce traité, une police d'abonnement pour une fourniture de 1.000 litres d'eau par jour, qu'elle paye 55 francs par an. Le surplus qu'elle consomme, soit pour l'arrosage des voies publiques, soit pour tout autre service, fait l'objet d'attachements et est payé à raison de o fr. 25 le mètre cube.

Elle a établi, dans les voies canalisées, 14 bornes-fontaines qui débitent en moyenne 3.000 litres par jour. Elle peut établir aussi des bouches d'eau de lavage partout où elle le désire ; ces bouches, au nombre de 18 à l'heure actuelle, sont ouvertes chaque matin durant six mois de l'année, pendant une demi-heure et débitent pendant ce temps 2.000 litres. 10 d'entre elles sont alimentées par une concession de 10.000 litres par jour qu'aux termes du traité la Compagnie accorde gratuitement à la commune pour cet usage.

Il y a enfin 3 bouches d'incendie.

La Compagnie fournit, en outre, chaque jour gratuitement à la commune :

1.000 litres à la mairie ;
1.000 litres à chacune des écoles (garçons et filles);
500 litres à chacune des écoles maternelles ;
500 litres à l'asile ;
1.000 litres à chacun des cimetières ;
1.000 litres au marché ;
300 à chaque case d'urinoir jusqu'à concurrence de 20 cases ; celles-ci sont actuellement au nombre de 17.

La dépense pour abonnements aux eaux s'est élevée en 1899 à 2.366 fr. 99.

Un grand nombre de propriétés privées possèdent un ou plusieurs puits ; l'eau de quelques-uns, dit-on, est potable ; toutefois, il est certain que la plupart de ces puits ne peuvent donner, surtout dans la partie basse d'Arcueil, en raison des infiltrations provenant de la Bièvre, que des eaux plus ou moins contaminées, en tout cas impropres aux usages domestiques et qui sont surtout employées à des usages industriels.

Les argiles vertes du coteau de Bagneux fournissent un volume d'eau journalier d'environ 3 mètres cubes qui alimente une fontaine située rue Cauchy, près de la mairie.

Enfin de l'aqueduc dit d'Arcueil partent des canalisations qui suivent : l'une, les rues des Tournelles et Guichard ; l'autre la rue et la place des Écoles et la troisième la rue Berthollet. Elles alimentent quatre fontaines situées places de Cachan et des Écoles, rues des Écoles et Berthollet.

Le volume d'eau ainsi dérivé serait d'environ 19 mètres cubes par jour.

L'une au moins de ces canalisations, celle qui alimente la fontaine de la place de Cachan, n'est pas à proprement parler une dérivation de l'aqueduc, car l'eau qu'elle reçoit est prise « par préférence à la Ville de Paris » sur le volume d'eau débité par une source dite fontaine couverte, située à Cachan.

Il ne sera peut-être pas sans intérêt, des difficultés s'étant élevées entre la Ville de Paris, propriétaire de l'aqueduc, et la commune au sujet de la quantité d'eau à laquelle avait droit cette dernière, d'exposer brièvement ici les faits et actes d'où résultent les droits de chacun des bénéficiaires sur l'eau de cette source.

On a déjà vu p. 82 que, par un acte du 22 juin 1671, le roi Stanislas, abbé commandataire de l'abbaye de Saint-Germain-des-Prés, avait cédé à la Ville de Paris la source d'eau du coteau de Cachan, située sur les domaines de cette abbaye, « à la réserve d'un pouce d'eau à prendre par préférence à la Ville de Paris et en toute saison de l'année ». La réserve ainsi stipulée équivalait à environ 20.000 litres par 24 heures.

Antérieurement à cet acte, le hameau de Cachan avait la jouissance, après les propriétaires du domaine, des eaux de cette source. Depuis 1671, cette jouissance a été réduite à la quantité, non employée par le domaine, des 20.000 litres qu'il s'était réservés, et a été continuée jusqu'en 1840 par tolérance des divers propriétaires qui se sont succédé.

Jusqu'à cette dernière date, les eaux s'écoulaient dans une fontaine qui a été conservée et qui était située dans une propriété particulière. Elle se compose d'une vasque demi-circulaire adossée à un mur d'appui, épaulé lui-même à droite et à gauche par deux consoles et divisé en panneaux décorés de stalactites.

A cette époque, les propriétaires de l'ancien domaine de Cachan réglèrent définitivement par un acte sous seings privés, approuvé par ordonnance royale du 3 septembre 1843, la situation des parties en dehors de la Ville de Paris. On lit dans cet acte que « le hameau de Cachan, dépendant de la commune d'Arcueil, n'a jamais eu que par tolérance un droit de prise d'eau sur celle réservée audit domaine, droit qui, aujourd'hui, semblerait lui être acquis depuis longtemps par prescription. Cependant, dans la vue de faire cesser toute incertitude à cet égard, MM. Estabel et Davanture et Mme Depitre ont offert au hameau de Cachan de reconnaître et consacrer son droit de prise d'eau par un acte authentique et d'en régler désormais et à toujours la quotité à titre définitif entre ces propriétaires. Ils ont de plus proposé, dans le but d'une amélioration utile au pays, de changer la position de la fontaine pour la transporter sur la place publique. »

L'acte, dans son article 10, règle ensuite la part qui doit revenir à chaque intéressé sur la « quantité d'eau que la Ville de Paris doit livrer à l'ancien domaine de Cachan ». Cette répartition est faite ainsi qu'il suit : 1.200 litres à M. Estabel, 1.000 à M. Davanture.

« Tout ce qui excède les 2.200 litres ci-dessus énoncés, ajoute-t-on, restant la propriété de la dame Depitre et du hameau de Cachan, sera versé de la cuvette susmentionnée dans un réservoir inférieur consacré à la fontaine publique et destiné à recevoir ce restant d'eau. Cet excédent appartiendra désormais à Mme Depitre pour 2.500 litres d'eau par jour et en toutes saisons de l'année et à l'égard du surplus au hameau de Cachan. »

Depuis cette convention, la commune a joui sans interruption du volume d'eau qui lui était ainsi attribué, soit environ 15.300 litres jusqu'en février 1885 où la Ville de Paris émit la prétention, basée sur un acte de vente de 1791 et une lettre préfectorale du 3 décembre 1836, de réduire à 7.200 litres la quantité d'eau laissée à la commune. Mais les énonciations du premier de ces actes ayant été reconnues inconciliables avec les termes de celui de 1671, et les termes du second n'ayant d'autre portée que celle d'une interprétation donnée à un texte par l'une des parties, la situation antérieure fut maintenue.

Éclairage. — Pour l'éclairage, la commune a traité avec la Compagnie parisienne d'éclairage au gaz, aux termes d'un acte du 7 juin 1864, approuvé par arrêté du 4 août 1865, et qui doit prendre fin avec la concession de la Compagnie à Paris, c'est-à-dire le 31 décembre 1905.

Le prix de l'éclairage public, comprenant celui de toutes les voies publiques, ainsi que de tous les établissements municipaux et départementaux, avait été fixé à 0 fr. 20 le mètre cube.

Celui de l'éclairage privé avait été fixé par un article ainsi conçu :

« Le prix du mètre cube du gaz vendu au compteur est fixé à 40 centimes pour toute la durée de la concession, sauf les cas de réduction qui vont être expliqués.

« Si l'ensemble de la consommation autre que celle de l'éclairage public présente une moyenne annuelle de 40 mètres cubes par mètre courant, ce prix sera réduit à 39 centimes.

« Et successivement au fur et à mesure de l'augmentation des consommations, la réduction se continuera jusqu'à ce qu'elle atteigne le chiffre minimum de 35 centimes qui restera le prix définitif acquis à la Compagnie jusqu'à l'expiration du traité. »

La consommation ayant atteint le maximum prévu, depuis le 1er avril 1896, le prix du gaz consommé par les particuliers a été fixé au minimum inscrit dans l'article précité; le prix du gaz consommé par la commune dans les établissements est payé, depuis cette même date, à raison de 0 fr. 175.

Cette situation a été constatée par un avenant du 20 mars 1896.

Il existe sur le territoire de la commune 101 appareils à gaz et la dépense a atteint, de ce chef, en 1899, la somme de 6.113 fr. 35.

20 appareils à huile fonctionnent dans des rues qui ne sont pas canalisées. Pour cet éclairage, la commune traite, avec un particulier, à forfait et à raison de 10 francs par mois et par appareil, pour 8 mois; la dépense totale n'a pas dépassé jusqu'à présent 1.200 francs par an. Les dépenses d'installation et d'entretien des appareils sont à la charge de la commune.

IV. — JUSTICE ET POLICE

Justice de paix. — La commune d'Arcueil-Cachan dépend de la justice de paix de Villejuif.

Les audiences ont lieu, au chef-lieu de canton, le mardi à 1 heure pour les audiences de conciliation, le 4e vendredi, à la même heure, pour les audiences de simple police, et le vendredi à 1 heure et demie pour les avertissements et les conseils de famille.

Officiers ministériels. — Il n'y a plus d'officier ministériel dans la commune. Jusqu'au mois d'août 1875, il y a eu une étude de notaire très ancienne ; comme elle se trouvait, à cette époque, sur le territoire qui fut annexé à Montrouge, l'étude eut le même sort.

On a retrouvé aux Archives nationales les noms de quelques-uns des titulaires de l'étude d'Arcueil et la date des minutes qui y étaient conservées. Ce furent Lambert (Étienne) et Lambert (Christophe), du 26 avril 1692 au 18 septembre 1744;

Lambert (Charles), du 26 mai 1745 au 5 février 1772 (une partie des minutes de cette période de 1748 à 1770 sont conservées à l'étude de Sceaux);

Censier, du 12 avril 1772 au 2 février 1775;

Martinot (Michel), du 17 février 1775 au 20 janvier 1813.

Pendant cette période, l'étude de Fontenay-aux-Roses ayant été supprimée et réunie à celle d'Arcueil, Me Bazin (Louis-Barthélemy) versa à son collègue de cette dernière étude ses minutes du 3 vendémiaire an V (24 septembre 1796) au 8 thermidor an V (26 juillet 1797).

Heyrault (Joseph-Claude), du 20 janvier 1813 au 28 avril 1819;

Dargère (Élie-Flavien), du 29 avril 1819 au 21 décembre 1841;

Giraudeau (Jules-Pierre-Abdou), du 22 décembre 1841 au 17 novembre 1847;

Dupont (Gustave-Benoît), du 18 novembre 1847 au 22 octobre 1873.

Thomas (Alfred-Arnould), du 22 octobre 1873 au 21 août 1875.

La loi du 12 avril 1893, portant augmentation du nombre des circonscriptions cantonales des arrondissements de Saint-Denis et Sceaux, dispose, dans son article 3, que les notaires continueront d'exercer leurs fonctions dans toute la circonscription de la justice de paix.

Les notaires de Bourg-la-Reine, de Sceaux et de Montrouge instrumentent dans la commune.

Celle-ci dépend du 3e bureau des hypothèques de la Seine.

Le bureau de l'enregistrement est à Villejuif.

Commissariat de police. — La commune dépend du commissariat de police du Kremlin-Bicêtre dont les agents font deux rondes par jour, à Arcueil.

Les dépenses de police sont réparties, aux termes de l'article 3 de la loi du 10 juin 1853, par le Préfet en Conseil de préfecture, entre toutes les communes du département, au prorata de la population de chacune d'elles.

D'autre part, d'après l'article 3 de la loi du 30 décembre 1873, les recettes, attribuées à chaque commune sur les produits de l'octroi de banlieue, sont affectées au payement des dépenses de police.

La commune a reçu de ce chef, en 1899, 21.141 francs et a eu à payer 8.582 francs.

Gendarmerie. — Arcueil-Cachan possède depuis 1860 une brigade de gendarmerie à pied, c'est-à-dire un brigadier et 4 hommes.

Précédemment, cette brigade était chargée de la surveillance du territoire d'Arcueil-Cachan et de celui de L'Haÿ. Cette dernière commune dépendant aujourd'hui de la brigade de Villejuif, celle d'Arcueil n'a plus à s'occuper que du territoire sur lequel elle est stationnée.

La caserne est située, n° 18, rue de l'Aqueduc. Elle sera prochainement installée rue des Deux-Parcs, n° 14, dans un immeuble que le département fait construire pour cette destination.

Garde champêtre, appariteur. — En 1808, les cultivateurs dont les champs étaient continuellement exposés aux déprédations des maraudeurs demandèrent et obtinrent la nomination d'un garde champêtre. Le traitement de cet agent était d'environ 600 francs ; cette somme était fournie par les intéressés à raison de 0 fr. 55 par arpent de terre et de 0 fr. 75 par arpent de vigne. Ces deux perceptions furent ultérieurement transformées en un seul droit de 1 fr. 50 par hectare de terres non closes. Les versements étaient faits entre les mains du receveur municipal qui payait ensuite le garde champêtre.

En 1842, nouvelle demande des cultivateurs pour la création d'un second poste de garde champêtre, dont le traitement devait être aussi à leur charge dans les mêmes conditions.

Un second emploi fut donc créé le 26 décembre 1842. Les raisons qui avaient motivé cette création ayant disparues, la surface des terrains à surveiller ayant considérablement diminué par suite de l'augmentation de la propriété bâtie, l'un de ces emplois a été supprimé.

Il n'en existe donc plus aujourd'hui qu'un seul qui reçoit un traitement de 1.400 francs et une indemnité de logement de 200 francs payée par le budget communal.

Le concierge de la mairie est assermenté et remplit les fonctions d'appariteur. Son traitement est de 1.400 francs, y compris 200 francs en qualité de concierge.

§ V. — CULTES

Paroisse. — La paroisse d'Arcueil-Cachan constitue une succursale dont le titulaire reçoit un traitement de 900 francs par an.

Budget de la fabrique. — Conformément à l'article 3 du décret du 30 décembre 1809, le chiffre de la population étant supérieur à 5.000 habitants, le Conseil de fabrique est composé de neuf membres.

Voici le compte de cet établissement pour 1899 :

RECETTES

Produits des rentes avec ou sans fondations . . .	1.241 »
Produit total de la location des chaises	1.448,25
Produit des quêtes faites pour les frais du culte .	1.096,50
Produit des oblations volontaires	80 »
Part revenant à la fabrique dans les droits perçus sur les services religieux. — mariages .	336,50
Part revenant à la fabrique dans les droits perçus sur les services religieux. — convois . .	896,50
Produit des frais d'inhumation. Monopole ou remises des pompes funèbres	3.845,25
Produit de la cire revenant à la fabrique . . .	621,25
Autres recettes.	33,75
Excédent de recettes de l'exercice 1898	5.825,65
Total	15.424,65

DÉPENSES

Objets de consommation pour les frais ordinaires du culte.	757,70
Frais d'entretien des objets et du mobilier nécessaires au service du culte	225 »
Honoraires des prédicateurs	300 »
Maîtrise et employés de l'église	2.620 »
Entretien de l'église et du presbytère.	47,30
Traitement des vicaires	1.400 »
Logement du desservant et supplément de traitement	1.800 »
Charges des fondations	697 »
Frais d'administration	100 »
Dixième du produit de la location des chaises . .	289,60
Dépenses imprévues	220 »
Total	8.456,60

Soit un excédent de recettes de 6.968 fr. 05.

Fondations, rentes de la fabrique. — Par son testament du 12 mai 1806, une dame Barbe Vincent, Ve Bassano Siglino, a légué une rente de 135 francs 3 % à charge de célébrer deux services par an et de distribuer, à cette occasion, 25 francs aux pauvres.

Pierre-Noël Cousté a, par acte du 29 janvier 1855, fait don à la fabrique d'une rente de 20 francs 3 % à charge de dire huit messes par an. Ce chiffre a été réduit à quatre. L'autorisation est du 29 août 1855.

M. Vattier a légué au Bureau de bienfaisance (voir p. 55) une rente de 600 francs. Le même acte contenait au profit de la fabrique un legs de 300 francs de rente, à charge par cet établissement « de faire dire trois cents messes par chaque année à perpétuité à l'intention de la famille Vattier vivante et décédée ». Le Conseil de fabrique, appelé à délibérer sur l'acceptation de cette libéralité, dans sa séance du 26 juin 1857, hésitait à se prononcer, trouvant « très lourdes les charges imposées par le fondateur », et craignant « que le legs fût plus onéreux qu'avantageux ». Il se décida cependant en faveur de l'acceptation, le curé ayant fait observer « qu'il serait sage d'accepter ce legs, avec d'autant plus de raison que la loi investit l'autorité ecclésiastique du pouvoir de modérer les charges quand le besoin s'en fait sentir.

« Or, il lui paraît évident que l'autorité diocésaine fera usage de son pouvoir dans le cas présent. Il est d'autant plus porté à le croire que ce sera entrer dans les intentions du testateur que sa piété bien connue portait à venir en aide à l'église d'Arcueil.... »

Aussi le Conseil a-t-il accepté « le susdit legs, s'en rapportant à la sagesse de l'autorité supérieure pour aviser aux moyens de mettre les charges plus en rapport avec le revenu ».

Un décret du 13 avril 1857 a autorisé l'acceptation du legs. Le nombre des messes dites est actuellement de 60 par an. Le service de la rente est fait par les héritiers.

Une dame Dargère, femme Roger, a donné, par acte du 17 mai 1858, une rente de 10 francs par an à charge de faire dire quatre messes par an. L'acceptation a été autorisée par arrêté du 28 juillet 1859. Depuis, le nombre de messes a été réduit à deux.

Mme de Lasplanes, Ve Dinet, a légué à la fabrique, par son testament du 24 mars 1862, 435 francs de rente 3 %, à charge de faire dire 220 messes par an. Le nombre a été ramené depuis à 87. Le décret d'autorisation est du 19 mai 1866.

M. l'abbé Carrère (Jean-Léon-Damien) a donné, par acte

notarié du 13 novembre 1871, 15 francs de rente 3 °/₀, à charge de faire dire cinq messes par an et d'entretenir sa tombe. Le nombre des messes dites est aujourd'hui de deux. Un arrêté du 6 février 1872 a autorisé la fabrique à accepter cette libéralité.

Mme Gilbert (Anne-Françoise-Adélaïde), Ve Cousté, a donné, par acte du 3 novembre 1872, deux rentes 3 °/₀ de 6 francs chacune, à charge de faire dire quatre messes par an. Le nombre des messes a été réduit à deux. L'acceptation a été autorisée par arrêté du 9 novembre 1873.

Mme Quilleret (Marie-Adèle-Léontine), épouse Mesnard, a légué, par son testament du 8 janvier 1863, pour fondation de deux messes, 6 francs de rente 3 °/₀. Aujourd'hui on ne dit plus qu'une messe. Un arrêté du 9 novembre 1873 a autorisé l'acceptation de ce legs.

Mme Henriette-Joséphine Cousté, veuve de Noël-Joseph Leconte, a donné 50 francs de rente 3 1/2 °/₀ par convention notariée du 26 mars 1870 pour fondation de services religieux (quatre messes et recommandation au prône). L'autorisation résulte d'un décret du 31 juilet 1878.

Par un autre acte du 26 mars 1878, la même donatrice a constitué au profit de la fabrique, à charge de services religieux, 50 francs de rente. L'acceptation a été autorisée par arrêté du 31 juillet de la même année.

M. Jacques-Alfred Colmet et Claire-Henriette Colmet, épouse du Breuil-Hélion de la Guéronnière, ont donné 100 francs de rentes pour fondation de messes et entretien de tombes. L'autorisation d'accepter résulte d'un décret du 21 janvier 1880.

M. l'abbé Delaunay (Étienne-Henri) a légué, par son testament en date du 14 janvier 1877, une somme de 1.000 francs pour fondation de messes. L'acceptation a été autorisée par décret du 12 février 1883.

M. l'abbé Vernette (Henri-Joseph-Hippolyte) a légué, par testament des 5 mai, 19 décembre 1878 et 8 décembre 1880, une somme de 300 francs en argent pour fondation de messes. L'autorisation d'accepter résulte d'un décret du 29 juin 1883.

M. l'abbé Charles-Théodore Baulleret a donné, pour fondation de messes, une somme de 300 francs en argent, par convention sous-seings privés du 2 janvier 1889.

Congrégations. — Les dominicains dirigent, à Arcueil, les écoles Albert-le-Grand et Laplace (voir p. 122).

Les sœurs Saint-Vincent-de-Paul dirigent, rue des Tournelles, n° 7, une école de filles, une école maternelle, un orphelinat-ouvroir, une crèche et un hospice de vieillards (voir p. 121).

§ VI. — SERVICES DIVERS

Poste, télégraphe, téléphone. — L'établissement d'un bureau de poste à Arcueil date du 1er septembre 1841. Il fut installé alors rue de la Croix-d'Arcueil. A partir de 1864, la commune fut desservie télégraphiquement. Le bureau était à la mairie et le service fait par un employé communal.

En 1875, le service télégraphique est assuré par l'État et le bureau transféré dans un immeuble sis Grande-Rue, d'un loyer de 600 francs par an.

En mai 1880, intervient une convention entre le Ministre des postes et télégraphes et la commune à la suite de laquelle les services postal et télégraphique furent réunis. L'obligation de la commune de fournir le local nécessaire à l'installation de ce dernier service a été transformée en une redevance en argent qu'elle s'est engagée à verser pendant 18 ans et qui a été fixée à 600 francs par an. Ce délai est expiré à la fin de 1898.

Aujourd'hui le bureau de poste est installé rue Émile-Raspail, n° 4. Il est ouvert tous les jours de 8 heures du matin à 7 heures du soir en hiver et de 7 heures du matin à 8 heures du soir en été, c'est-à-dire du 1er mars au 1er novembre.

Le service est fait par 1 receveuse, 3 aides, 4 facteurs, 1 porteur de dépêches et 1 courrier pour la gare. On fait 4 distributions par jour et 6 levées.

Depuis 1892, une cabine téléphonique publique est installée à Cachan, rue Camille-Desmoulins, n° 20, dans un immeuble pris en location par la commune.

Boîtes aux lettres. — Des boîtes aux lettres sont placées rue Émile-Raspail, n° 42; avenue Raspail, n° 2; à l'école maternelle de l'avenue Laplace; avenue de Paris, n° 3; route d'Orléans, n° 29; place de Cachan et à la gare. Deux nouvelles boîtes aux lettres vont être placées rue Émile-Raspail, n° 76; rue des Tournelles, n° 43.

Caisse d'épargne. — La caisse d'épargne postale, qui a une succursale à Arcueil depuis 1876, a délivré, à Arcueil-Cachan, pendant l'année 1900, 313 livrets représentant une somme de 31.668 fr. 08.

Les versements sur des livrets pris antérieurement ont été au nombre de 1.686, représentant une somme de 83.211 fr. 31.

446 remboursements, représentant 85.712 fr. 24, ont été effectués dans le courant de l'année.

Bureaux de tabac. — Il existe quatre bureaux de tabac situés rue Émile-Raspail, n° 25 ; route d'Orléans, n° 31 ; avenue de Paris, n° 3, et place de Cachan.

Sapeurs-pompiers. — La subdivision de sapeurs-pompiers d'Arcueil-Cachan comprend 32 hommes, dont 2 sous-lieutenants, 2 sergents et 1 fourrier, 5 caporaux dont 1 caporal clairon, 1 tambour, 3 clairons et 17 sapeurs. Voici les dépenses qui figurent au compte de 1899 pour ce service :

Indemnité fixe aux pompiers	725 »
Habillement et équipement	203,50
Frais de registres, livrets, papiers	10 »
Rachat de la prestation individuelle	72 »
Indemnité en cas de sinistres	84 »
Assurance contre les accidents	200 »
Achats et entretien du matériel d'incendie . .	84,15

Les pompiers reçoivent chacun une indemnité fixe annuelle de 25 francs. En outre, en cas de sinistre, il leur est alloué une somme de 6 francs si le fait se produit la nuit et 4 francs s'il se produit le jour. Ces sommes sont payées, que le sinistre ait lieu sur le territoire d'Arcueil ou sur celui d'une autre commune. On voit qu'en 1899 la dépense s'est élevée de ce chef à 84 francs.

Enfin, antérieurement à la législation dont il va être parlé ci-après, la commune avait contracté une police d'assurance qui, depuis 1874, se continue par tacite reconduction et par périodes de dix ans. On voit que le montant de la prime s'élève à 200 francs.

Une Société de membres honoraires « essentiellement philanthropique », disent les statuts en date du 1er octobre 1892, admet des membres des deux sexes qui payent des cotisations de différents taux. D'après les mêmes statuts, le montant doit être employé spécialement aux frais résultant des concours et indemnités. Ses recettes se sont élevées, en 1899, à 1.430 fr. 80 se décomposant comme suit :

En caisse au 31 décembre 1898	696,30
Intérêts	12,50
104 membres honoraires à 6 francs	624 »
1 membre honoraire à 4 fr. 50	4,50
4 membres honoraires à 3 francs	12 »
1 membre honoraire à 1 fr. 50	1,50
2 membres honoraires à 10 francs	20 »
3 — — à 20 francs	60 »

Les dépenses n'ont pas dépassé le chiffre de 1.021 fr. 80.

Le matériel d'incendie comprend 4 pompes, 1 dévidoir, 500 mètres de tuyaux, 1 échelle à coulisse et 1 appareil à feu de cave.

Pour permettre une comparaison intéressante, ajoutons que, le 8 octobre 1818, quand on procéda à la réorganisation dans l'arrondissement de Sceaux des compagnies de sapeurs-pompiers, la part contributive dans la dépense s'éleva, pour Arcueil, à 153 fr. 05.

La pompe qui servait, à cette époque, en cas d'incendie, se trouvait à Villejuif. Ce n'est que vers 1840 qu'une pompe avec ses accessoires, achetée par la commune au prix de 900 francs, fut remisée à Arcueil. Cette pompe unique suffit pendant longtemps, puisque ce n'est qu'en novembre 1888 que l'on trouve une nouvelle acquisition de matériel d'incendie, dont la dépense atteignit 1.441 fr. 75.

La loi de finances du 13 avril 1898 a, dans son article 58, établi un impôt de 6 francs par million de valeurs assurées au profit des sapeurs-pompiers. Le produit de cet impôt est, d'après l'article 59 de la même loi, réparti entre les communes pourvues d'un corps de sapeurs-pompiers, conformément à un barème dressé en tenant compte de l'effectif des compagnies et du chiffre de la population. Celles-ci, Paris excepté, doivent, par un prélèvement sur cette subvention avant tout autre emploi, contracter une assurance à la Caisse nationale d'assurance contre les accidents, en vue de l'attribution de pensions aux sapeurs-pompiers, en cas de blessures ou d'accidents graves entraînant l'incapacité permanente de travail, à leurs veuves et orphelins mineurs, en cas de décès, par suite d'accidents en service.

Le surplus de la subvention est employé par ces communes et concurremment avec les crédits votés par les Conseils municipaux sur le budget communal et avec le produit de dons et legs ayant cette affectation :

1° A donner des secours pour soins médicaux et interruption de travail par suite d'accident en service ;

2° A donner des secours annuels renouvelables aux pompiers ayant au moins vingt-cinq ans de services et soixante-cinq ans d'âge ;

3° A l'achat et à l'entretien du matériel d'incendie.

Un règlement d'administration du 12 juillet 1899 a déterminé les mesures d'exécution de cette loi.

Depuis cette nouvelle législation, l'incapacité temporaire de travail et les soins médicaux et pharmaceutiques, ainsi que les frais funéraires, sont seuls à la charge des communes.

Marché.— Depuis 1879, un marché sous abris mobiles se tient place d'Arcueil, en face de la mairie, le jeudi et le dimanche de chaque semaine. Il a lieu pendant 7 heures et commence à 7 heures ou à 8 h. 1/2 du matin selon les saisons :

Le tarif des droits à percevoir est ainsi fixé :

Par mètre superficiel de terrain occupé	0,15
— — d'abri	0,15
Par table	0,20
Par voiture attelée	0,20
Par voiture à bras	0,10

Le droit de perception a été concédé, par acte du 2 juin 1890, pour une durée de 20 ans, prenant fin le 11 septembre 1911. Le concessionnaire paye une redevance annuelle de 50 francs et a fait les frais de transformation du matériel, qui est maintenant en fer, fonte et pitchpin.

Voici le nombre des marchands qui l'ont fréquenté et la quantité de marchandises qui y ont été apportées en 1899 :

Nombre de Marchands	Poissons	Volailles et Gibiers	Viande	Beurre Œufs Fromages	Fruits Légumes
	kilogr.	kilogr.	kilogr.	kilogr.	kilogr.
20	4.100	8.500	58.000	34.200	55.000

Pompes funèbres.— La fabrique paroissiale d'Arcueil-Cachan n'exerce pas elle-même le monopole des fournitures pour les convois funèbres, que lui ont attribué les décrets du 23 prairial an XII et du 18 mai 1806. Elle a donné à bail, à l'entreprise des Pompes funèbres générales, la fourniture de tous les objets concernant ce service et celui des inhumations, à l'exception de de la cire et de tout le luminaire de l'église qu'elle s'est réservée. Cette cession a été faite pour une durée de trois ans, à compter du 1er janvier 1888, aux termes d'un acte en date du 18 décembre 1887, approuvé par arrêté préfectoral du 7 mai suivant. C'est sous le régime fixé par cet acte, qui n'a pas été renouvelé, que paraît fonctionner le service à l'heure actuelle. De même, c'est aux prix fixés par des tarifs votés par le Conseil municipal, les 18 novembre 1887 et 23 février 1888, et le Conseil de fabrique, le 18 décembre 1887, que sont payées les diverses fournitures relatives au transport des corps et au service intérieur.

Le transport a lieu par corbillard pour les adultes et au moyen d'un petit brancard, appelé comète, pour les enfants au-dessous de sept ans.

L'inhumation des indigents est à la charge du concessionnaire qui, dans ces cas, exécute la huitième et dernière classe. L'entreprise a également à sa charge la fourniture d'estampilles en plomb pour bières et cercueils.

Les salaires du personnel sont payés au moyen d'une perception spéciale appelée taxe et qui varie de 76 francs en 1re classe à 24 francs en dernière classe. Dans le total de la première, le salaire de l'ordonnateur figure pour 12 francs, celui des porteurs, au nombre de quatre, pour 40 francs, le prix de la fosse pour 10 francs, le salaire du porteur d'ordre, 4 francs, plus un droit fixe de 10 francs. Dans la dernière classe, le salaire de l'ordonnateur n'est que de 3 francs, celui des quatre porteurs de 9 francs, celui du porteur d'ordres de 2 francs, enfin, le prix de la fosse de 5 francs et le montant du droit fixe du même chiffre.

Pour les convois d'enfants, le total de la taxe varie de 37 francs en 1re classe à 14 francs pour le service ordinaire comportant les rémunérations du même personnel à des taux différents et variant avec les classes.

Les sommes provenant de la taxe sont perçues par l'entreprise et remises par elle au personnel qu'elle doit servir à rétribuer. En fin d'année, si le produit de cette perception excède les sommes dues à ce personnel, tant pour les inhumations d'indigents que pour celles dont les familles ont fait les frais, d'après le tarif voté par le Conseil municipal, l'excédent est réparti par les soins du maire entre ces divers agents. Si, au contraire, il y a déficit, il est supporté par la fabrique qui a toujours le droit de demander la revision du tarif. En cas d'excédent, la municipalité a le même droit.

Les sommes inscrites sous la rubrique « droit fixe » sont attribuées à la fabrique, qui l'a cédé à l'entrepreneur pour l'indemniser de la fourniture gratuite d'un corbillard pour les indigents.

Le partage des bénéfices entre l'entrepreneur et la fabrique a lieu dans les conditions suivantes : le concessionnaire prélève, avant tout partage, le produit de la taxe, le prix des bières en volige comme compensation de la fourniture gratuite des bières aux indigents, le prix des transports hors de la commune qui ne sont pas monopolisés, enfin le prix des voitures vernies spécialement destinées au ministre du culte pour le conduire au cimetière.

Ces prélèvements faits, l'entreprise paye au trésorier de la fabrique :

Cinquante pour cent sur tous les objets fournis en location autres que les berlines de deuil ;

Quinze pour cent sur ces dernières et sur toutes les fournitures réelles qui restent la propriété des familles.

Les recettes de la fabrique se sont élevées de ce chef, en 1899, à 3.845 fr. 25.

L'entreprise a un représentant dans la commune, chargé de recevoir les commandes. C'est un employé de la mairie.

Les fonctions de fossoyeurs sont remplies par les deux conservateurs des cimetières qui sont nommés par le maire.

Aux termes d'un arrêté municipal du 3 avril 1876, les fosses et fouilles des caveaux faites au delà de la dimension réglementaire (1 m. 50 pour les adultes et 1 mètre pour les enfants) doivent être exécutées par le fossoyeur. Le même arrêté fixe à 6 francs par mètre le tarif de ce travail. Dans ce cas, le prix est payé directement au fossoyeur par les familles.

Quant au service religieux, il n'existe pas de tarif approuvé dans les conditions prescrites par les articles 69 des Articles organiques et 20 du décret de l'an XII.

Bibliothèque communale. — La bibliothèque communale a été fondée le 15 octobre 1876 ; elle était composée alors de 284 volumes.

Elle est installée à la mairie et placée sous la direction d'un conseil de 5 membres. Un employé de la mairie remplit les fonctions de bibliothécaire et reçoit une indemnité de 200 francs par an.

Elle est ouverte au public tous les jours, dimanches et fêtes compris, de 11 heures à midi.

Il n'existe pas de service de lecture sur place; il n'existe qu'un service de prêt à domicile.

Le nombre des volumes est aujourd'hui de plus de 2.100 et celui des lecteurs est environ de 50.

Depuis la fondation, la commune a dépensé 1.177 fr. 23 provenant des fonds communaux. A la fin de 1899, le montant des subventions qu'elle avait reçues atteignait 5.200 francs.

Statistique des ouvrages prêtés en 1900:

Sciences Arts et Enseignement	Histoire	Géographie et Voyages	Littérature Poésie Théâtre	Agriculture et Industrie	Romans	Littérature enfantine	NOMBRE TOTAL des livres prêtés
168	296	343	109	144	880	44	1.984

Archives. — Les archives de la commune contiennent:

Les registres paroissiaux à partir du 8 septembre 1549 jusqu'en 1792, complets sauf quelques lacunes dans le volume qui va de 1584 à 1596;

Les registres de l'état civil depuis 1792; un atlas cadastral dressé en 1812 et revisé en 1841, ainsi que les matrices cadastrales de 1827 et 1841 et celles des contributions;

Les tableaux de recensement depuis 1806; 204 pièces relatives à l'occupation militaire de 1814 et 1815;

Les budgets de la commune depuis 1806, à l'exception de celui de l'année 1814 qui manque; les comptes du 3 décembre 1809 à 1818, complets depuis 1819 à 1827, avec lacune jusqu'en 1840;

Des arrêtés concernant la comptabilité depuis l'an VII;

Un acte de 1844, relatif à la fontaine de Cachan;

Un registre des bans de vendange (246 feuillets), contenant dans sa première partie les comptes du Bureau de bienfaisance du 22 décembre 1789 au 15 fructidor an IV; dans une deuxième partie des déclarations et procès-verbaux et, depuis 1825, les bans de vendange;

Des registres du Bureau de bienfaisance allant du 3 brumaire an X au 23 février 1839 ;

Registres des délibérations du Conseil municipal :

Du 4 messidor an III au 29 fructidor an IV (13 feuillets) ;

Du 15 au 26 pluviôse an IX (6 feuillets) ;

Du 16 au 29 pluviôse an X (5 feuillets) ;

Du 15 au 29 pluviôse an XI (3 feuillets) ;

Du 17 au 22 ventôse an XIII (3 feuillets) ;

Depuis le mois de mai 1808 sans lacune ;

Enfin différents papiers relatifs aux affaires communales, tous modernes.

§ VII. — PERSONNEL COMMUNAL

NOMBRE	EMPLOI	TRAITEMENT
1	Médecin de l'état civil	200 francs
1	— de l'asile laïque du 1er âge	200 —
1	— du Bureau de bienfaisance	300 —
1	Secrétaire de la mairie	2.800 —
3	Employés	1.200 — 1.100 — 840 —
1	Appariteur (garçon de bureau et concierge de la mairie)	1.600 —
1	Garde champêtre (indemnité de logement, 200)	1.400 —
1	Tambour-afficheur (pour annonces et affichage de la commune)	300 —
1	Architecte voyer communal	1.200 —
1	Préposé de l'octroi (indemnité de logement, 300)	2.700 —
1	Brigadier (indemnité de logement de 100)	1.600 —
1	Surveillant (indemnité de logement de 100)	1.200 —
4	Receveurs (indemnité de logement de 100)	1.800 — 1.300 — 1.300 — 1.100 —
4	Cantonniers communaux { 1 à 1.800 3 à 1.560	1.800 — 4.680 —
1	Préposé à l'éclairage à l'huile	1.200 —
1	Directrice de l'asile laïque	900 —
1	Femme de service	720 —
1	Bibliothécaire	200 —
5	Femmes de service des écoles primaires et maternelles { 2 à 540 3 à 600	1.080 — 1.800 —
1	Conservateur du muséum scolaire	150 —
2	Cantonniers du service vicinal	150 — 130 —
1	Receveur municipal (emploi occupé par le percepteur de Montrouge)	2.584 —

III. — RENSEIGNEMENTS DIVERS

Fêtes locales et foires.— Le registre des délibérations du Conseil municipal mentionne l'existence, en 1820, de deux fêtes locales; l'une, celle d'Arcueil, avait lieu au 15 octobre, l'autre, celle de Cachan, au 1er avril. Elles duraient environ 10 jours.

En 1835, elles furent supprimées et remplacées par une seule qui avait lieu au mois de juin.

Malgré les réclamations des commerçants qui, dès 1847, demandaient la création d'une nouvelle fête communale et sa fixation au 15 août, l'état de choses, créé en 1835, dura jusqu'en 1888.

Depuis cette date, il existe deux fêtes communales qui ont lieu, l'une, dite du printemps, pour le quartier de Cachan, le 1er dimanche d'avril ; l'autre, dite d'automne, pour Arcueil, le 2e dimanche d'août. Elles durent 8 jours.

Jusqu'à ces années dernières, l'une de ces fêtes présentait un attrait particulier; on tirait un feu d'artifice du haut de l'aqueduc. Ce numéro du programme a été supprimé à raison des frais considérables qu'il entraînait (1.500 francs environ).

Il n'existe pas de *courses de chevaux* à Arcueil.

Commerce et productions du pays. Principales industries. — Aux siècles derniers, la population était à peu près exclusivement composée de cultivateurs et de carriers. La culture principale paraît avoir été la vigne. Aussi Lebeuf dit-il qu'il y a peu de titres concernant Arcueil qui ne fassent mention de vignes ou de vin. L'une d'elles produisait un vin dit « vin du roi », une autre s'appelait « vigne de Notre-Dame », et appartenait à l'un des chapelains de Saint-Eustache dans l'église de Notre-Dame de Paris. Une sentence du prévôt de Paris du 31 janvier 1412, réitérée en 1419, adjugea aux religieux de Saint-Denis, à cause de leur prieuré de Saint-Denis de l'Estrée, 2 septiers et demi de vin pour la dixme, dans tout le territoire d'Arcueil. D'après les comptes de la fabrique de l'église paroissiale [1], on trouve des recettes provenant de rentes ou de terres et vignes données en location aux lieux dits, sur Arcueil : la Banlieue, la Borne, les Joncs, Montpétrin, la Vaudenoire, le Ricardeau, les Martinets ou la Voie des Anes, les Époutraux, la Voie creuse, la Pointe, la Garenne, les Hautes Bornes, les Sablons, le Val, les Lumières, les Saintes-Catherines, les Saussayes ; sur Cachan : la Voie Gosse, le Long Boyau, le Lourd, les Filles-Dieu, les Tournelles, la Capitainerie, la Fosse à l'Eau, les Joncs, la Pitancerie, le Bas du Lourd. On a vu que l'une des sources, qui alimentent l'aqueduc du Midi, sortait des vignes situées au coteau de Cachan. Enfin, dans un registre de déclarations de tailles [2] de l'élection de Paris au XVIIIe siècle, on relève que le territoire d'Arcueil et de Cachan est, de même que ceux de Gentilly, Montrouge, L'Haÿ et Villejuif, en terres labourables et en vignes.

On trouve, en outre, dans un registre qui existe à la mairie, que le 27 fructidor de l'an IX de la République française, plusieurs habitants de la commune se sont réunis en assemblée des habitants pour nommer six d'entre eux chargés de garder chaque jour les vignes. A cet effet, on dressa une liste de tous les propriétaires et locataires de vigne. Le nombre de ceux qui étaient susceptibles de prendre part à cette garde s'éleva à 67. Chaque jour, six d'entre eux étaient de service depuis 5 heures du matin jusqu'à ce que les vendanges fussent faites et parfaites, porte le registre.

Nous trouvons le procès-verbal d'une autre réunion, ayant le même but, à la date du 28 août 1825. Il y avait alors dans la commune 25 hectares plantés en vigne, et la liste qui fut dressée dans la réunion dont nous parlons porte 48 noms. Cette fois, les vignerons, désignés pour ce service, prennent le nom de « gardes auxiliaires au garde champêtre ». Quatre d'entre eux devaient être de service depuis cinq heures du matin à huit heures du soir ; la brigade était renouvelée chaque jour ; la police de la brigade

1. Archives nationales, cote H 3736.
2. Archives nationales, Z[1]ʀ 271.

était soumise à un Conseil de famille, choisi parmi les vignerons figurant sur la liste; ce Conseil fixait le don que devait faire chaque délinquant au profit des pauvres, don qui ne pouvait être inférieur à 3 francs; les hommes de garde se rendaient à 5 heures du matin au lieu dit « les Quatre Chemins »; là, ils recevaient la consigne du garde champêtre titulaire et le mot de ralliement, qui consistait en un certain nombre de coups de sifflet. La surveillance avait pour but d'empêcher qui que ce soit d'entrer dans les vignes et d'arrêter et de conduire à la mairie ceux qui auraient commis un délit.

Il devait y avoir aussi des noyers, dans la commune, car, en l'an 1423, on trouve des héritages chargés d'une rente de 16 ou 18 septiers d'huile. Il y avait quelques moulins, deux notamment, celui de la Roche, au Nord-Est, qui était à vent, et celui de Cachan, au Sud, sur la Bièvre.

En outre de la culture de la vigne, on y exploitait des carrières. Sur la carte dite des Chasses (1763-1773), qui est reproduite ci-après, on en voit une, à l'Est de la commune, le long de la route d'Orléans, à peu près au lieu dit « les Lumières ». L'abbé Lebeuf remarque que la construction de l'aqueduc, sous Louis XIII, dut être facilitée par l'existence des pierres que donnaient, en abondance, les carrières nombreuses d'Arcueil. On en tirait notamment la pierre de liais à grain fin, pierre très propre à polir, dure de sa nature et sur laquelle on gravait des inscriptions.

Aujourd'hui, il y existe encore plus de quinze exploitations de carrières. Dans sept, on extrait de la pierre à bâtir. Elles emploient 31 ouvriers, dont 5 à l'intérieur. Elles ont produit, pendant les cinq dernières années, 36.435 mètres cubes.

De neuf autres, on tire des marnes et argiles. Ces dernières emploient 60 ouvriers, dont 20 à l'intérieur. Leur production totale pendant les cinq dernières années a atteint 194.500 mètres cubes.

Un grand nombre de carrières, dont l'exploitation a été abandonnée, sont aujourd'hui occupées par des champignonnières. Dans celles-ci, au nombre de plus de 20, on récolte la moitié, au moins, des champignons consommés à Paris.

Il paraît qu'on tenta, lors de la disparition graduelle de la culture de la vigne, de la remplacer par celle des petits pois et de la fraise. Mais la nature du sol s'y serait opposée, surtout pour les petits pois, tandis que, dans des communes voisines comme Clamart, ceux-ci ont très bien réussi, et qu'à Bagneux, Sceaux, etc., les fraises viennent aussi très bien.

Il en fut de même des cerisiers. On verra, par le tableau des cultures, qu'en effet, il n'y a sur la commune ni arboriculture, ni sylviculture. Quant à la viticulture, elle est réduite à l'état de souvenir ; elle n'est plus représentée que par *un* hectare.

Mais, par contre, l'horticulture de rapport figure pour 30 hectares. En effet, il n'y a pas moins de 30 jardiniers-maraîchers dans la commune, qui constitue, avec Issy-les-Moulineaux, Malakoff, Montrouge, Bagneux, Gentilly, Ivry et Vitry, l'un des centres où l'on trouve les plus forts groupes de jardiniers-maraîchers de la rive gauche de la Seine.

Un cours gratuit et public de culture potagère est fait une fois par mois à Arcueil.

D'après une monographie du potager-marais parisien, sur ce qu'Élisée Reclus a appelé « un article de Paris agricole » et dans laquelle l'auteur a décrit un établissement situé dans la commune, croyons-nous, les diverses cultures se succèdent dans l'ordre suivant dans un potager; dès novembre, on plante, sous châssis, des laitues que l'on récolte en décembre et janvier. On sème alors, toujours sous châssis, des radis, des carottes ou navets à récolter en février et mars. Dans ces légumes-racines, on contreplante encore de la laitue à recueillir en mars et avril. Après l'enlèvement des châssis vitrés, vers le milieu de mai, on plante de petits sujets de melons qu'on abrite par des cloches et qui viennent à point en août et septembre. Quelques 20 ou 30 jours avant la récolte de ces melons, on contreplante soit des céleris-raves, soit des choux-fleurs, bons pour la vente depuis octobre jusqu'à février.

Une autre partie du jardin est affectée aux cultures très intensives sans doute, mais non forcées, pour la plupart du moins, comme dans le compartiment précédent. On y plante des oignons blancs dans le mois d'octobre ; la récolte en a lieu en mai ; on plante ensuite de la laitue ou de la romaine, dans laquelle un mois après, on contreplante de la scarole. Viennent ensuite la chicorée et, en cinquième récolte, quelquefois la mâche ou les épinards, à ramasser tout l'hiver. En novembre ou décembre, on plante des choux cœur-de-bœuf ou d'York à récolter en mai. Vient après une culture de laitue, dans laquelle on contreplante de la scarole ou de la chicorée. Comme ci-dessus, la mâche ou les épinards clôturent la série annuelle des récoltes.

Une troisième sole reçoit de la romaine, dans le courant du mois de mars, que l'on récolte dans la seconde quinzaine de mai. On y plante alors des tomates à cueillir en août et septembre. En juillet, entre les pieds de celles-ci, on repique de la scarole qui, comme troisième récolte, termine la série annuelle.

Une quatrième sole reçoit les semis et repiquages des plançons nécessaires à l'ensemble du marais.

Les produits sont tous ou à peu près vendus sur le carreau forain des Halles, sur lequel les introductions totales se sont élevées, en 1899, à 241.085.850 kilogrammes.

Quelques jardiniers fleuristes et horticulteurs sont aussi installés dans la commune, mais ces cultures ne sauraient être rapprochées de la précédente, ni pour le nombre des établissements, ni pour l'importance des produits.

On trouve, en outre, sur le territoire de la commune d'Arcueil, plusieurs établissements industriels dont voici l'énumération :

Deux brasseries fondées, l'une en 1840, l'autre en 1865; la première occupe 4.000 mètres de superficie, 8 ouvriers ou employés, dispose d'une force de 8 chevaux et accuse 150.000 francs d'affaires; la seconde occupe 3.000 mètres de superficie et emploie une force de 65 chevaux.

Une fabrique d'ammoniaque, fondée en 1877, occupe 15.000 mètres de superficie, dont 2.000 mètres pour les ateliers, 40 ouvriers ou employés, et dispose d'une force de 31 chevaux.

Une distillerie, récemment installée à Arcueil-Cachan, occupe 1.300 mètres de superficie, 30 ouvriers ou employés, dispose d'une force de 6 chevaux et fait 1.268.000 francs d'affaires avec les débits de vins de Paris et de la banlieue.

Une fabrique de vinaigre et de moutarde, établie dans la commune depuis 1878 (superficie 1.300 mètres, 10 ouvriers ou employés, 30 chevaux de force), emploie 74.000 kilogrammes de graines venant de Russie, de Bombay et d'Alsace, 500 kilogrammes d'alcool à 95° et 1.000 hectolitres de vin. Elle produit 180.000 kilogrammes de moutarde et 7.000 hectolitres de vinaigre.

Une fabrique de chicorée et amidon, arome pour pot-au-feu, fécules, pastilles pour pot-au-feu, occupe de 15 à 20 ouvriers.

Une fabrique de capsules pour bouchage des bouteilles est installée depuis 1820 et n'occupe pas moins de 120 ouvriers.

Il existe, en outre, une fabrique de parapluies récemment installée ; deux usines où l'on fait l'apprêt des étoffes (l'une d'elles occupe 30 ouvriers environ) ; deux teintureries, dont l'une occupe 60 ouvriers environ et l'autre, établie à Arcueil depuis le 1er janvier 1900, occupe 3.000 mètres de superficie, 75 ouvriers, dispose d'une force de 100 chevaux et fait 300.000 francs d'affaires ; une usine pour le dégraissage des tissus par la benzine existe depuis un an, occupe 15 ouvriers et accuse 100.000 francs d'affaires.

Enfin, une fabrique de produits pharmaceutiques et de droguerie existe dans la commune depuis 1856 (4.000 mètres de superficie, 60 ouvriers ou employés et 50 chevaux-vapeur).

L'industrie la plus importante par le nombre d'établissements et le nombre de personnes qu'elle emploie est sans contredit celle du blanchissage du linge. Au siècle dernier, elle était installée dans le faubourg Saint-Marcel et le quartier des Gobelins. On en trouve la preuve, en effet, dans un règlement du 26 février 1732, « faisant défense à tous les blanchisseurs et blanchisseuses de lessive de continuer leur blanchissage dans le lit de la rivière de Bièvres, au-dessus de la manufacture royale et dans le clos Payen, à toutes personnes d'y faire rouir des chanvres et lins non plus que dans les ruisseaux y affluant, à peine de 50 livres d'amende et un mois de prison et du double en cas de récidive ».

Il est probable que c'est comme conséquence des mesures d'hygiène de plus en plus nombreuses et rigoureuses que cette industrie a dû se transporter extra muros. Le développement des quartiers qu'elle occupait, l'augmentation du nombre des constructions et celle du prix des terrains ont dû achever ce qu'avaient commencé les mesures d'hygiène. Elle paraît avoir trouvé à Arcueil deux choses qui lui sont indispensables, des espaces considérables pour établir des séchoirs et de l'eau en abondance. Or, dans la partie basse de la commune, à Cachan notamment, sur les bords de la Bièvre, l'eau affleure à quelques mètres au-dessous du sol. Aussi, est-ce en cet endroit, que la carte des Chasses nous montre totalement inhabité au siècle dernier, que sont installés environ 150 blanchisseurs. On peut évaluer à 10 en moyenne le nombre de personnes qu'occupe chaque établissement.

C'est à peine si, sur ce nombre, une ou deux maisons font la location du linge, la presque totalité, peut-on dire, va prendre le linge à domicile dans Paris et le livre après blanchissage et repassage.

Voici maintenant, d'après l'enquête décennale de 1892, dont les chiffres ont été rectifiés en 1894 pour le département de la Seine, les superficies occupées par les diverses cultures :

TERRITOIRE			CULTURES LABOURABLES			CULTURES FOURRAGÈRES				HORTICULTURE		VITICULTURE	Superficie non cultivée
Superficie totale	Agricole	Non agricole	Froment	Avoine	Pommes de terre	Betteraves	Diverses	Luzerne	Foin	de rapport	de plaisance		
hect.	hect.	hect.	hect.	hect.	hect.	hec.	hec.	hec.	hec.	hec.	hec.	hec.	hec.
464	414	50	110	30	86	25	28	52	14	30	29	1	9
			226			119				59		1	9
			414 hectares										

Le rendement moyen par hectare est de :

Froment	22 hectolitres
Avoine	60 —
Pommes de terre	145 quintaux
Betteraves	450 —
Vignes	45 hectolitres

Écoles privées. — Rue des Tournelles, n° 7, se trouve une école maternelle privée congréganiste. Au cours de l'année scolaire 1899-1900, elle a été fréquentée par 72 enfants, dont 20 garçons et 32 filles âgés de moins de 6 ans et 14 garçons et 6 filles de plus de 6 ans au 1er janvier de l'année scolaire.

53 enfants étaient présents à l'école le 2 décembre 1899 et 67 le 2 juin 1900.

Elle est tenue par une directrice qui appartient à la congrégation des sœurs de Saint-Vincent-de-Paul.

A la même adresse, il existe une école privée congréganiste spéciale aux filles. Elle comprend cinq classes primaires élémentaires et a été fréquentée, au cours de l'année scolaire 1899-1900, par 76 enfants âgées de 6 à 13 ans.

71 étaient présentes le 2 décembre 1899 et 76 le 2 juin suivant.

L'école est dirigée par une institutrice et quatre adjointes appartenant à la même congrégation.

Rue Émile-Raspail, n° 47, se trouve une école privée mixte

dirigée par une institutrice laïque. Elle comprend une école enfantine et une école primaire élémentaire. Au cours de l'année scolaire 1899-1900, elle a été fréquentée par 25 enfants, dont 2 garçons et 2 filles de moins de 6 ans, 7 garçons et 14 filles âgés de plus de 6 ans au 1er janvier de l'année scolaire.

24 enfants étaient présents le 2 décembre 1899 et 23 le 2 juin 1900. Un garçon et une fille ont fréquenté une autre école pendant l'année scolaire.

Le personnel de l'école comprend une institutrice et une adjointe.

Les écoles Albert-le-Grand et Laplace, appartenant à la Société anonyme de l'école Albert-le-Grand, au capital social de 1 million 707.500 francs et dirigées par les Dominicains, occupent rue Berthollet, rue Émile-Raspail et avenue Laplace, une propriété d'une superficie de 8 h. 35 a. 65 centiares.

L'école Albert-le-Grand, qui ne reçoit que des internes, prépare à l'École normale (lettres), aux études commerciales, aux écoles agricoles (Grignon, Montpellier, Rennes), à l'École coloniale, à la Banque, etc.

L'école Albert-le-Grand a organisé, parallèlement à l'enseignement classique, un cours préparatoire aux carrières pratiques pour lesquelles le baccalauréat n'est point exigé.

Au 24 mars 1901, le personnel de l'établissement se composait de 98 maîtres et serviteurs pour 306 élèves.

La Société possède en outre, dans Paris, deux écoles dites, l'une, externat Saint-Dominique, l'autre, école préparatoire Lacordaire situées rue Saint-Didier, n° 35.

Établissements privés de bienfaisance. — Les sœurs de Saint-Vincent-de-Paul dirigent un orphelinat-ouvroir qui a été fondé en 1859 et qui est reconnu d'utilité publique. Cet établissement, qui est situé rue des Tournelles, n° 7, reçoit des filles orphelines, légitimes ou naturelles âgées de 8 ans au moins et les garde jusqu'à 21 ans; le prix de la pension varie de 25 à 30 francs par mois auquel il faut ajouter le payement d'un droit d'entrée variant de 50 à 100 francs. L'établissement contient 70 places toujours occupées.

A cet orphelinat est annexé une crèche, dite *crèche Saint-Raphaël* qui a été ouverte le 16 août 1876. Elle contient 40 places. Pendant l'année 1895, elle a été fréquentée par 40 enfants qui ont fourni 3.570 journées de présence.

Les dépenses ordinaires se sont élevées la même année à

4.028 francs ; le montant de la rétribution maternelle a atteint 661 francs.

Un hospice de vieillards a été fondé dans la commune à la fin de l'année 1859 dans les conditions qu'on va dire :

Une demoiselle Homberg, sœur de la congrégation de Saint-Vincent-de-Paul offrit, à cette date, de donner à la commune une maison et ses dépendances, n° 7, rue des Tournelles, occupées par les sœurs de sa congrégation, à charge d'entretenir cet immeuble et d'y maintenir le personnel congréganiste.

De son côté, M. Homberg, père de la donatrice, offrit dans les mêmes conditions, à la commune, la propriété d'un vaste bâtiment attenant au premier, pour servir d'asile à des vieillards des deux sexes, à condition qu'on ferait les travaux nécessaires et qu'on ne donnerait pas d'autre destination à cette propriété.

Ces libéralités furent acceptées par le Conseil municipal dans sa séance du 20 mai 1860.

Les immeubles, qui en faisaient l'objet, avaient une valeur de 35.000 francs, et les travaux d'appropriation qui y furent faits s'élevèrent à la somme de 40.000 francs.

L'hospice fut ouvert le 17 juin 1864.

A la suite de difficultés de tout ordre, et de négociations laborieuses, le 1er novembre 1878, la commune rétrocéda l'établissement à la congrégation des sœurs de Saint-Vincent-de-Paul, moyennant :

1° Le payement d'une somme de 60.000 francs ;

2° 2 lits à perpétuité pour 2 vieillards ayant au moins 20 ans de domicile à Arcueil-Cachan et désignés par la municipalité.

Le 1er janvier suivant, les sœurs rentrèrent en possession de l'établissement qui, depuis cette époque, porte le nom d'hospice Saint-Joseph.

On y reçoit des pensionnaires des deux sexes, âgés ou infirmes, qui sont sans ressources suffisantes pour vivre au dehors. Ils payent un droit d'entrée de 60 francs et une pension variable, fixée de gré à gré, mais qui ne peut être inférieure à 800 francs. Ils doivent apporter un trousseau, un mobilier et payer en supplément les frais d'éclairage et de chauffage. Lors du recensement qui a eu lieu le 24 mars 1901, le personnel de cet établissement comprenait 22 sœurs et 21 domestiques pour 146 vieillards.

La superficie de l'établissement est de 1 h. 50 a. 57 centiares.

Il existe, en, outre un *dispensaire privé* qui a été fondé en

1893, dans le but de donner des consultations, ainsi que des médicaments aux personnes nécessiteuses.

Il est composé de membres qui versent des souscriptions dont le taux varie de 10 francs à 50 francs. Deux membres, choisis tous les mois à tour de rôle, parmi les souscripteurs, visitent les malades qui ont demandé des consultations et veillent à la distribution des secours. Ceux-ci ne sont accordés qu'après enquête qui est faite dans les 24 heures.

Le nombre des consultations données pour la plupart à la mairie est d'environ 120 par mois.

Route d'Orléans, nos 11, 13, 15, 17, se trouve une maison de santé, dite d'Arcueil, fondée en 1879. On y reçoit des pensionnaires et des convalescents des deux sexes moyennant une pension dont le prix varie, mais qui n'est jamais inférieur à 360 francs par mois.

Sociétés diverses. — De nombreuses sociétés (on en cite jusqu'à 21) existent à Arcueil : 4 sociétés de retraites : les Prévoyants de l'avenir, les Vétérans, l'Avenir du prolétariat, la Boule de neige; 2 sociétés d'épargne : l'Aqueduc et la Dotation de la jeunesse; 3 sociétés musicales : la fanfare des Hautes Bornes, l'Union chorale, la Fantasia ; une société coopérative, une société de tempérance, une union vélocipédique, une société des conscrits, une société colombophile, etc.

Médecins. — Pharmaciens. — Vétérinaire. — Sages-femmes. — 3 médecins, 2 pharmaciens, 3 sages-femmes. Il y a un vétérinaire à Montrouge.

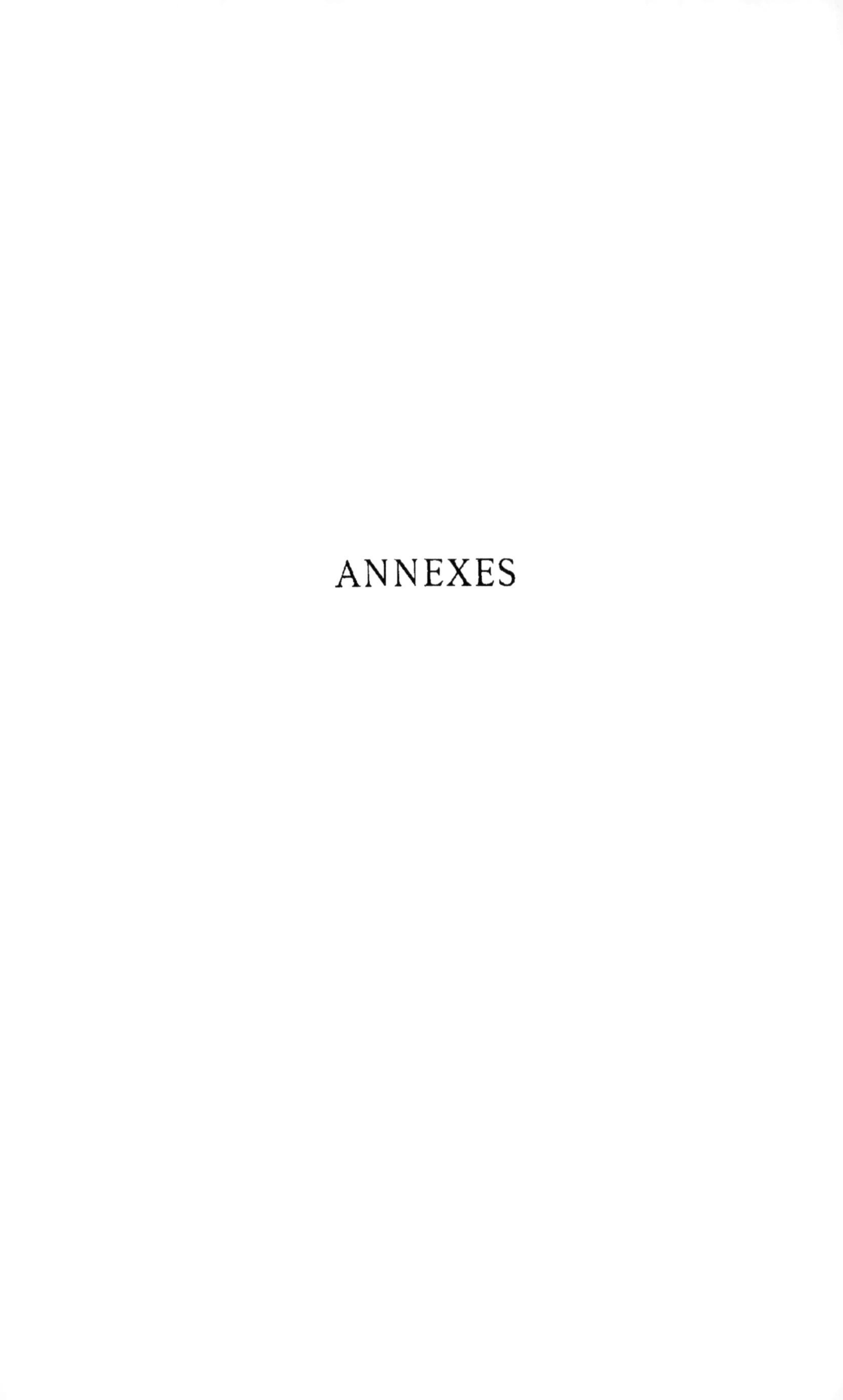

ANNEXES

CONSEIL MUNICIPAL (1901)

(Effectif légal : 23 membres)

MM. VEYSSIÈRE, Louis-Grégoire, maire.

VAUCANSON, Philippe-Joseph, adjoint au maire.

RAYNAL, Jules-Édouard, adjoint au maire.

BOUDESOUS, Alphonse-Benoit, conseiller.

BÉTANCOURT, Auguste-Clément, conseiller.

DURAND, Antoine-Arthur, conseiller.

GÉRARD, Charles-François-Théodore, conseiller.

MAUGER, François-Félix, conseiller.

DUBOIS, Germain-Honoré, conseiller.

DAVID, Henri, conseiller.

SCHAEFER, Wilhem, conseiller,

MM. HOGUE, Victor-François, conseiller.

BARTHELLEMY, Tranquille-Eugène, conseiller.

CHEVANNE, Auguste-Léon, conseiller.

POENSIN, Paul-Joseph, conseiller.

BOURLOUD, Jean, conseiller.

LEMASSON, Léon-Auguste, conseiller.

GOUSSAUT, Louis-Hippolyte, conseiller.

DULMO, Lucien, conseiller.

DUBRUILLE, Clément, conseiller.

PLANET, Joseph, conseiller.

GAMBEY, Raoul-Édouard, conseiller.

TRAGIT, Vincent-Auguste, conseiller.

TARIF DES CONCESSIONS

DANS

LE CIMETIÈRE

(Délibération du 15 septembre 1871, approuvée le 18 novembre 1872, et du 6 novembre 1896, approuvée le 5 décembre 1896)

CONCESSIONS PERPÉTUELLES

Sépultures d'adultes (2 mètres carrés) (2 m. × 1 m.).	400 fr. »
Chaque mètre de superficie en plus.	150 fr. »
Sépultures d'enfants de 7 ans et au-dessous (1 mètre carré (1 m. 43 × 0 m. 70)	150 fr. »

CONCESSIONS TRENTENAIRES

Sépultures d'adultes (2 mètres carrés) (2 m. × 1 m.).	150 fr. »
— d'enfants (1 mètre carré) (1 m. 43 × 0 m. 70)	75 fr. »

CONCESSIONS DÉCENNALES

Sépultures d'adultes (2 mètres carrés) (2 m. × 1 m.).	75 fr. »
— d'enfants (1 mètre carré) (1 m. 43 × 0 m. 70)	37 fr. 50

CAVEAU PROVISOIRE

1er et 2e mois, par jour.	0 fr. 50
3e et 4e mois, —	1 fr. »
5e et 6e mois (dans ce cas, le cercueil doit être enfermé dans un cercueil de plomb), par jour	1 fr. »

TARIF DES DROITS DE VOIRIE

§ I. — CONSTRUCTIONS NEUVES

Droit d'alignement de bâtiment en maçonnerie, bois et fer, ainsi que mur de clôture, le mètre courant . . .	0 fr. 50
Droit à percevoir sur bâtiments de toutes natures :	
Dépôt de matériaux, par quinzaine, le mètre superficiel.	0 fr. 10
Barrière devant les matériaux, le mètre courant (pour la durée de la construction).	0 fr. 25
Construction d'un rez-de-chaussée, le mètre courant. .	3 fr. »
— 1er étage, le mètre courant .	2 fr. »
— 2e — —	1 fr. 50
— 3e — et au-dessus, le mètre courant	0 fr. 75
Échafaudages de toutes natures, par quinzaine et par mètre courant.	0 fr. 20

NOTA. — Les constructions en pan de bois subiront le tarif ci-dessus.

§ II. — CONSTRUCTIONS EN SAILLIES FIXES

Grand balcon préparé pour recevoir des grilles, le mètre courant.	6 fr. »
Petit balcon ne dépassant pas 0 m. 22 de saillie, le mètre courant.	1 fr. 50
Perron, en cas d'autorisation, le mètre courant	5 fr. »
Borne ou obstacle de toute nature, l'unité et le mètre courant.	1 fr. »
Banc fixe toléré devant une propriété, l'unité et le mètre courant.	2 fr. »

Appui de croisée ayant plus de 0 m. 06 de saillie, l'unité 0 fr. 50
Marche ou seuil de porte, l'unité . . . . 1 fr. »
Lanterne d'établissement public ou autre, l'unité . . . 5 fr. »
Marquise au-dessus d'une porte ou boutique ne dépassant pas 2 mètres, l'unité . . . . 10 fr. »
Marquise supérieure à 2 mètres, le mètre courant . . . 5 fr. »
Devanture de boutique, bois ou fer, le mètre courant . . 2 fr. 50
Enseigne sur devanture et ayant saillie, le mètre courant 2 fr. »

§ III. — SAILLIES MOBILES

Banne ou store, le mètre courant. . . . . 1 fr. »
Porte ouvrant en dehors (en cas d'autorisation), l'unité. 10 fr. »
Tableau, lanterne, écusson ou autre enseigne inférieure à 0 m. 10 de saillie et à 1 mètre de longueur, l'unité. 2 fr. »
Pour chaque mètre en plus. . . . . 1 fr. »
Bancs et tables sur la voie publique, par an et mètre superficiel, pour 10 premiers mètres . . . . . 0 fr. 50
Pour les mètres suivants et par mètre. . . . . 0 fr. 25

§ IV. — Travaux de réparation

Ravalement général d'un bâtiment :
1° Rez-de-chaussée, le mètre courant . . . . . . 1 fr. 50
2° 1er étage, le mètre courant. . . . . 1 fr. »
3° 2e — — . . . . 0 fr. 50
Ravalement partiel d'un bâtiment (même tarif).
Reconstruction ou réparation d'un mur de clôture, le mètre courant. . . . . 0 fr. 30

§ V. — OUVERTURES

1° D'une porte cochère. . . . . 6 fr. »
2° — bâtarde . . . . 4 fr. »
3° — ou croisée . . . . 2 fr. »
4° D'une grille en bois ou fer, le mètre courant. . . 2 fr. »
5° D'une boutique, le mètre courant. . . . . 2 fr. »

§ VI. — SOUBASSEMENT ET REVÊTEMENT

En dalle, pierre, marbre, ardoise, etc., le mètre courant .	1 fr. »
En ciment, le mètre courant.	1 fr. »
En rocailles ou meulières, le mètre courant. .	1 fr. »

§ VII. — TRAVAUX DIVERS

Grille en fer sur mur de clôture, le mètre courant . . .	0 fr. 10

Clôtures sur rues, voies et sentiers

En planches, le mètre courant	0 fr. 25
Treillages en bois, le mètre courant.	0 fr. 20
— fer —	0 fr. 20
— fil de fer, le mètre courant	0 fr. 20

TARIF DE L'OCTROI

(Délibérations des 6 et 13 novembre 1897, 11 juillet 1899. Décrets des 23 novembre 1897 et 30 décembre 1899)

CHAPITRES DE PERCEPTION	OBJETS ASSUJETTIS AUX DROITS	MESURES ET POIDS	TAXES principales	TAXES spéciales	TOTAL
BOISSONS ET LIQUIDES	Vins en cercles et en bouteilles.	l'hectol.	0 61	0 24	0 85
	Cidres, poirés et hydromels	Id.	0 50	» »	0 50
	Alcool pur contenu dans les eaux-de-vie, absinthes, esprits, liqueurs et fruits à l'eau-de-vie	Id.	2 »	4 »	6 »
	Bières	Id.	0 30	1 »	1 30
	Vinaigres en fûts et bouteilles, non compris les conserves. .	Id.	1 »	» »	1 »
	Pour la perception, la bouteille commune est considérée comme litre, et la demi-bouteille comme demi-litre, en ce qui concerne les vins, cidres, poirés et hydromels (Art. 145 de la loi du 28 avril 1816). Les eaux-de-vie, esprits et liqueurs sont imposables d'après la capacité réelle des bouteilles (Art. 9 de la loi du 27 juillet 1870). Il en est de même des bières, vinaigres, limonades et autres liquides (Circ. n° 519 du 1er mars 1889). Les vermouts, vins de liqueur ou d'imitation ne sont pas assujettis à la taxe afférente aux vins ; ils sont imposés pour leur force alcoolique totale, avec un minimum de perception de 16° pour les vermouts et de 15° pour les vins de liqueur ou d'imitation et sont passibles des demi-droits de consommation, d'entrée et d'octroi jusqu'à 15° et des droits pleins au-dessus de 15° (Art. 21 de la loi du 13 avril 1898). Les vins autres que ceux désignés au § précédent, qui présentent une force alcoolique supérieure à 15°, sont imposables comme vins et passibles, en outre, du double droit de consommation, d'entrée et d'octroi, pour la quantité d'alcool comprise entre 15° et 21°. S'ils titrent plus de 21°, ces vins sont imposés comme alcool pur (Art. 3 de la loi du 1er septembre 1871). Les vendanges et les fruits à cidre ou à poiré seront soumis aux droits, à raison de trois hectolitres de vendange pour deux hectolitres de vin, et de cinq hectolitres de pommes ou poires pour deux hectolitres de cidre ou de poiré. Les raisins secs destinés à la fabrication du vin seront imposés, dans les villes sujettes au droit d'entrée, à raison de 100 kilogrammes de fruits secs pour trois hectolitres de vin (Loi du 17 juillet 1889, art. 12). Les fruits secs destinés à la fabrication du cidre ou du poiré seront imposés à raison de vingt-cinq kilogrammes de fruits pour un hectolitre de cidre ou de poiré. Les eaux-de-vie ou esprits altérés par un mélange autre que l'un de ceux déterminés par le Comité des Arts et Manufactures seront soumis aux mêmes droits que les eaux-de-vie ou esprits purs.				
COMESTIBLES	Bœufs, vaches, taureaux.	par tête	2 »	6 »	8 »
	Veaux	Id.	1 »	2 »	3 »
	Moutons	Id.	0 40	0 60	1 »
	Boucs, chèvres et chevreaux.	Id.	0 45	» »	0 45
	Porcs et sangliers.	Id.	1 »	2 »	3 »

CHAPITRES DE PERCEPTION	OBJETS ASSUJETTIS AUX DROITS	POIDS ET MESURES	TAXES principales	TAXES spéciales	TOTAL
COMESTIBLES (*Suite*)	Viandes de bœuf, vache, taureau, veau, mouton, porc et sanglier, dépecées, fraiches et salées	100 kilog.	3 »	» »	3 »
	Viande fraiche de chèvre dépecée	Id.	1 30	» »	1 30
	Les bestiaux divisés par moitié ou quart payeront à raison du droit par tête ; au-dessous, ils acquitteront comme viande dépecée. Les abats et issues de toute sorte sont imposés comme viande, sauf les pieds, le mou et le cœur de bœuf et la tête de mouton.				
COMBUSTIBLES	Bois à brûler de toute espèce, dur	le stère	0 80	» »	0 80
	Bois à brûler de toute espèce, tendre	Id.	0 65	» »	0 65
	Charbon de bois et ses dérivés	l'hectol.	0 20	» »	0 20
	Charbon de terre	100 kilog.	0 14	» »	0 14
	Coke et tourbe	Id.	0 16	» »	0 16
	Pour la perception, seront considérés comme bois dur : le chêne, l'orme le charme, le frêne, le hêtre, le châtaignier, le merisier, l'érable, le platane, le sycomore, l'olivier, poirier, cerisier et pommier. Les essences non dénommées ci-dessus seront imposées comme tendre. Le coke, fabriqué à l'intérieur avec du charbon qui aura payé le droit, sera affranchi de la taxe. Les bois et planches de déchirage sont imposés comme bois à brûler tendre.				
FOURRAGES	Foin, sainfoin, trèfle, luzerne et autres fourrages secs	100 bottes	2 »	» »	2 »
	Paille de toute espèce	Id.	1 50	» »	1 50
	Avoine	100 kilog.	1 »	» »	1 »
	Sons, recoupes de toute espèce	Id.	0 80	» »	0 15
	Le droit se perçoit sur le nombre total de bottes, sans aucune déduction ni tolérance. Les fourrages non bottelés payent le droit au poids dans la proportion réglée ci-dessus. Lorsque le poids des bottes excédera 5 kilogrammes, le droit sera perçu dans la proportion de l'excédent. Les foins et fourrages verts sont exempts du droit. L'avoine en gerbes acquitte séparément pour la quantité de grain et de paille. Lorsque le poids des bottes sera inférieur à 5 kilogrammes, le droit ne sera perçu que proportionnellement à leur poids réel.				
MATÉRIAUX	Bois de charpente ou de menuiserie ouvré. Dur	le stère	3 »	» »	3 »
	Bois de charpente ou de menuiserie ouvré. Tendre	Id.	2 25	» »	2 25
	Bois en grume. Dur	Id.	2 25	» »	2 25
	Bois en grume. Tendre	Id.	1 80	» »	1 80
	Lattes, bardeaux et treillages	100 bottes	2 »	» »	2 »
	Pierre à plâtre et plâtre de toute espèce	l'hectol.	0 12	» »	0 12
	Chaux de toute nature	Id.	0 22	» »	0 22
	Ciment	100 kilog.	0 70	» »	0 70

CHAPITRES DE PERCEPTION	OBJETS ASSUJETTIS AUX DROITS	POIDS ET MESURES	TAXES principales	TAXES spéciales	TOTAL
MATÉRIAUX (*Suite*)	Moellons, meulières, plâtras neufs ou vieux, de toutes espèce	le m. cube	0 30	» »	0 30
	Pierre de taille de toute nature	Id.	1 60	» »	1 60
	Ardoises pour toitures	le 1.000	2 50	» »	2 50
	Briques, tuiles, carreaux, mitres, tuyaux et poteries de toute espèce, destinés aux constructions immobilières . .	Id.	2 »	» »	2 »
	Zinc, plomb, fer, fonte et acier de toute espèce pour les constructions immobilières, façonnés ou non.	100 kilog	1 50	» »	1 50

Les pierres à chaux ou à plâtre seront imposées à raison de la chaux ou du plâtre qu'elles contiennent.

Sont exonérés du droit les outils, la quincaillerie et les ustensiles de ménage.

Les tôles de fer et d'acier sont passibles du même droit que le fer et l'acier.

Les bois de démolition et autres ayant servi acquittent les mêmes droits que les bois neufs, sous déduction des défectuosités qu'ils présentent. Lorsque ces bois seront reconnus ne pouvoir être employés comme bois de travail, ils seront imposés comme bois de chauffage suivant leur nature.

OBSERVATION GÉNÉRALE

Les bois destinés à être employés comme combustibles ou comme matériaux de construction immobilière sont seuls soumis aux droits.

Les bois et les métaux dont l'emploi ne sera pas nettement déterminé au moment de l'introduction et qui seront déclarés à un usage autre qu'à des constructions immobilières seront placés sous le régime de l'entrepôt et il n'en sera accordé décharge qu'après justification de leur emploi.

TABLE

NOTICE HISTORIQUE 7

I. Faits historiques 8
II. Modifications territoriales et administratives 16
III. Annales administratives. Liste des maires 18
IV. Édifices publics. Maisons historiques 21
Cachan. La Banlieue. Bibliographie 26

RENSEIGNEMENTS ADMINISTRATIFS

I. TOPOGRAPHIE, DÉMOGRAPHIE ET FINANCES

§ I. *Territoire et domaine*

A. Territoire
- Nom 33
- Dénomination des habitants 33
- Limites, quartiers, hameaux, écarts et lieux dits 33
- Superficie de la commune 34
- Arrondissement 34
- Canton 34
- Circonscription électorale législative 34
- Bureau de vote 34
- Circonscription de commissariat 34
- Orographie 35
- Hydrographie 35

B. Domaine
- Mairie, date et prix de l'édifice, surface, services et logements 35
- Écoles communales, date et prix, etc 36
- Église, temple, synagogue 38
- Presbytère 40
- Cimetière 40
- Tombes militaires 41
- Crèche 41
- Salle des fêtes 42
- Muséum scolaire 42
- Remise des pompes 43
- Bureau d'octroi et terrains communaux 43
- Fort 43

§ II. *Démographie*

A. Population — Population résidente, présente, par professions, par nationalités, etc. — Naissances, décès, mariages 44

B. Habitations — Habitations occupées ou non. — Classement suivant les étages... 46
Nombre de logements occupés ou non 46
Ateliers, magasins et boutiques 46

C. Divers — Électeurs inscrits 47
Recrutement 47
Recensement des chevaux et voitures 47

§ III. *Finances*

A. Contributions — Principal des contributions 47
Perception 47

B. Octroi 48

Finances communales — Recettes ordinaires et extraordinaires 50
Dépenses ordinaires et extraordinaires 50
Emprunts et secours 50
Valeur du centime. — Nombre de centimes grevant la commune et leur nature 52
Charges par habitant 52
Receveur municipal 52

II. — SERVICES PUBLICS

§ I. *Bienfaisance*

Bureau de bienfaisance 53
Traitement des malades dans les hôpitaux de Paris 57
Assistance à domicile 58
Aliénés, Enfants assistés et moralement abandonnés 58
Protection des enfants du 1er âge 59
Asile laïque du premier âge 60
Hospice F.-V. Raspail 62
Propagation de la vaccine 63
Secours aux familles des réservistes 63
Caisse des écoles 63
Sociétés de secours mutuels 66

§ II. *Enseignement*

Énumération par groupe scolaire du nombre de classes, d'élèves et de maîtres 68
Enseignement du chant, du dessin et de la gymnastique 70
Élèves admis dans les écoles primaires supérieures et professionnelles de Paris 70
Mutualité scolaire 70

Dons et legs faits aux écoles........ 71
Bibliothèques scolaires........ 71
Classe de vacances........ 71
Classe de garde........ 71
Cours d'adultes........ 72
Muséum scolaire........ 72

§ III. *Voirie*

Routes nationales et départementales........ 73
Chemins de grande communication........ 74
— vicinaux ordinaires........ 76
— ruraux........ 77
Voirie urbaine........ 77
Prestations........ 77
Entretien des rues et des chemins ruraux. — Balayage........ 77
Droits de voirie et de stationnement........ 78
Ponts........ 78
Bièvre........ 79
Égouts........ 81
Aqueducs........ 83
Distance de Paris; du chef-lieu de canton et des communes du canton........ 90
Moyens de transport........ 91
Eaux........ 96
Éclairage........ 99

§ IV. *Justice et Police*

Justice de Paix........ 100
Officiers ministériels........ 100
Commissariat de police........ 101
Gendarmerie........ 102
Garde champêtre........ 102

§ V. *Cultes*

Paroisse........ 103
Fabrique.— Budget.— Fondations.— Congrégations........ 103

§ VI. *Services divers*

Poste.— Télégraphe.— Téléphone........ 106
Caisse d'épargne........ 106
Bureaux de tabac........ 107
Sapeurs-Pompiers........ 107
Marché........ 109
Pompes funèbres........ 109
Bibliothèque municipale.— Archives........ 111

§ VII. *Personnel communal*

Employés de la mairie 114
Divers 114

III. — RENSEIGNEMENTS DIVERS

Fêtes locales et foires 115
Commerce et productions du pays 115
Écoles libres 121
Sociétés diverses 124
Médecins, pharmaciens, vétérinaires, sages-femmes 124

ANNEXES

Conseil municipal 127
Tarif des concessions dans le cimetière 128
Tarif des droits de voirie 129
Tarif de l'octroi 132

COMPOSÉ, IMPRIMÉ ET BROCHÉ
PAR LES PUPILLES DU DÉPARTEMENT DE LA SEINE,
ÉLÈVES DE L'ÉCOLE D'ALEMBERT
A MONTÉVRAIN

COMPARAISON

DE LA

POPULATION

ET DES

RECETTES ORDINAIRES

Relevées aux époques de Recensement

(1801 à 1896)

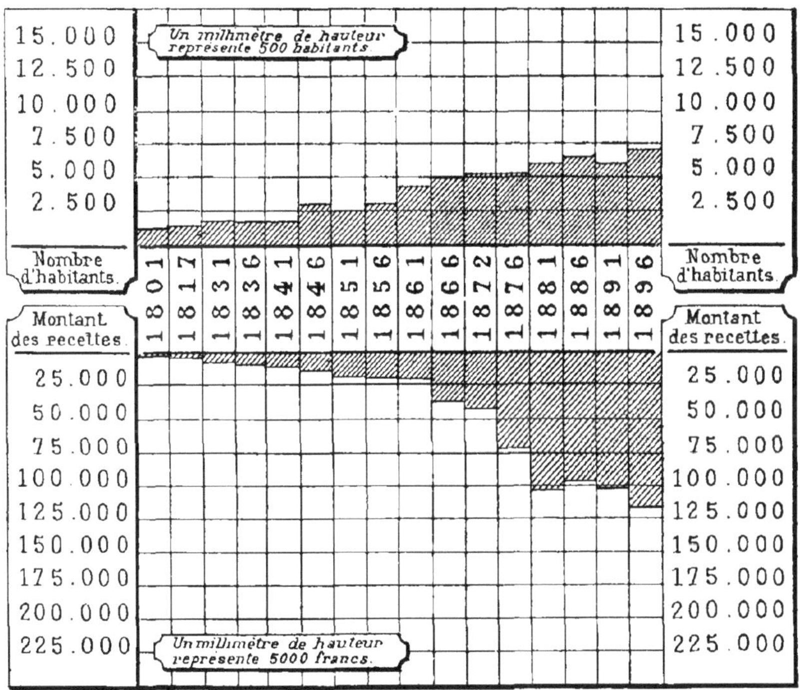

EN DÉPOT

A LA PRÉFECTURE DE LA SEINE

DIRECTION DES AFFAIRES DÉPARTEMENTALES

BUREAU DES COMMUNES

(Annexe Est de l'Hôtel de Ville)

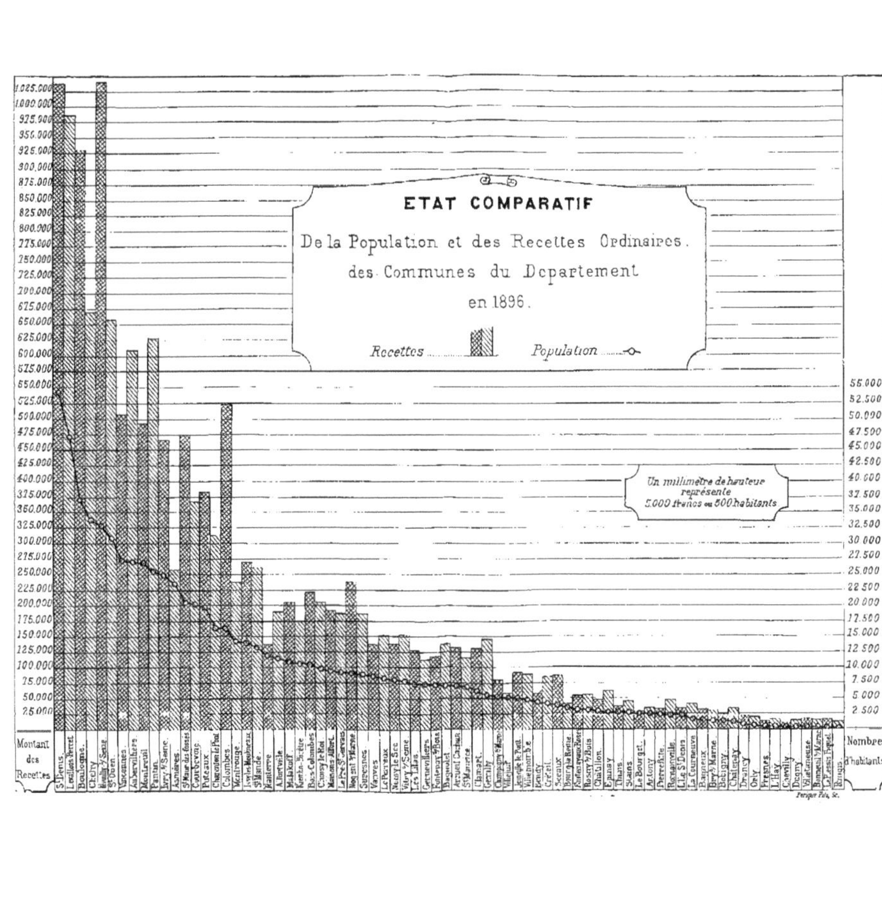

ETAT COMPARATIF
De la Population et des Recettes Ordinaires.
des Communes du Département
en 1896.
Recettes
Population
Un millimètre de hauteur représente 5.000 francs ou 500 habitants
1.025.000
1.000.000
975.000
950.000
925.000
900.000
875.000
850.000
825.000
800.000
775.000
750.000
725.000
700.000
675.000
650.000
625.000
600.000
575.000
550.000
525.000
500.000
475.000
450.000
425.000
400.000
375.000
350.000
325.000
300.000
275.000
250.000
225.000
200.000
175.000
150.000
125.000
100.000
75.000
50.000
25.000
Montant des Recettes
55.000
52.500
50.000
47.500
45.000
42.500
40.000
37.500
35.000
32.500
30.000
27.500
25.000
22.500
20.000
17.500
15.000
12.500
10.000
7.500
5.000
2.500
Nombre d'habitants
St Denis.
Levallois Perret
Boulogne.
Clichy
Neuilly s/ Seine
St Ouen.
Vincennes.
Aubervilliers.
Montreuil
Pantin.
Ivry s/ Seine.
Asnières.
St Maur des fossés
Courbevoie.
Puteaux
Charenton le Pont
Colombes.
Montrouge.
Issy les Moulineaux
St Mandé.
Nanterre
Alfortville
Malakoff
Kremlin-Bicêtre
Bois-Colombes
Choisy le Roi
Maisons-Alfort.
Le Pré St Gervais
Nogent s/ Marne
Suresnes.
Vanves
Le Perreux
Sceaux
Vitry s/ Seine
Les Lilas.
Gennevilliers
Fontenay s/ Bois
Bagnolet
Arcueil Cachan
St Maurice
Clamart.
Gentilly
Champigny s/ Marne
Villejuif
Joinville le Pont
Villemomble
Bondy
Créteil
Sceaux
Bourg la Reine
Fontenay aux Roses
Rosny s/ Bois
Châtillon.
Epinay
Thiais.
Stains
Le Bourget.
Antony
Pierrefitte.
Romainville.
L'Ile St Denis
La Courneuve
Bagneux
Bry s/ Marne
Bobigny.
Chatenay.
Drancy
Orly
Fresnes.
L'Hay.
Chevilly
Dugny
Villetaneuse
Bonneuil s/ Marne
Le Plessis Piquet
Rungis.
Périgner Fils, Sc.

ARCUEIL-CACHAN

Limites actuelles de la Commune reportées sur la Carte dite des Chasses_(1764-1773)

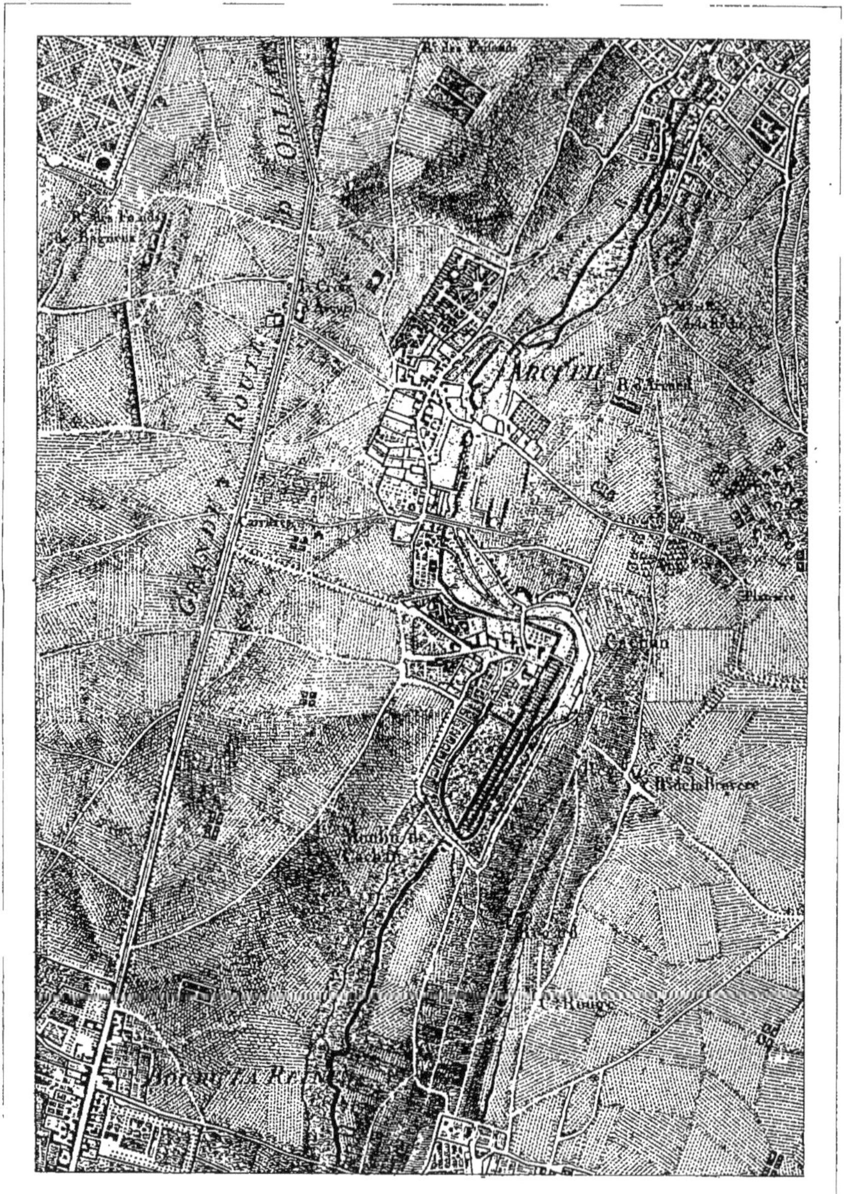

Echelle de $\frac{1}{16.000}$e

Monographie des Communes du Département de la Seine

ARCUEIL-CACHAN

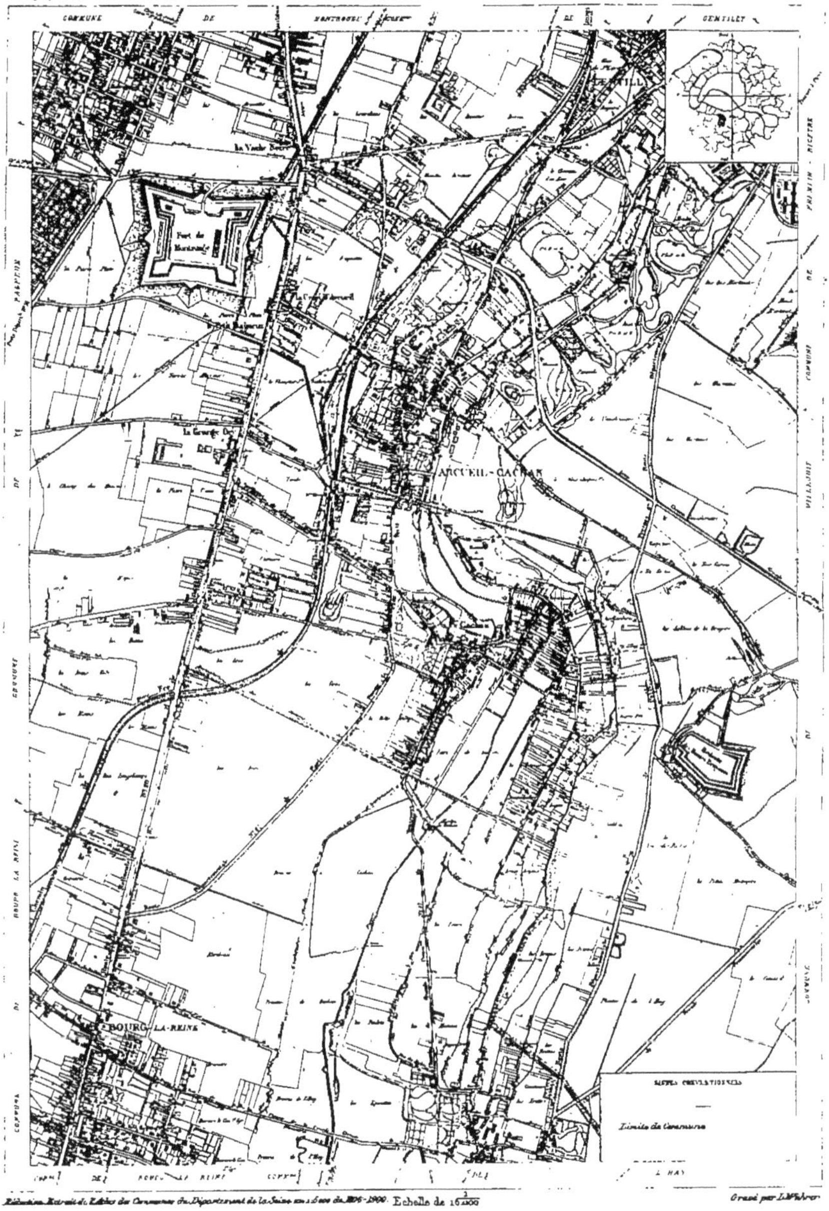
COMMUNE DE MONTROUGE
GENTILLY
Fort de Montrouge
La Vache Noire
La Grange Ory
ARCUEIL-CACHAN
BOURG-LA-REINE
SIGNES CONVENTIONNELS
Limite de Commune
L'HAY
COMMUNE DE BOURG-LA-REINE

Réduction Extrait de l'Atlas des Communes du Département de la Seine au 1/5000 de 1896-1900. Echelle de 1/16000

Gravé par L. Wuhrer

www.ingramcontent.com/pod-product-compliance
Ingram Content Group UK Ltd.
Pitfield, Milton Keynes, MK11 3LW, UK
UKHW021042230726
13926UKWH00004B/1602

9 782016 131619